汽车维修专业技能人才培养工学一体化课程教材

汽车检查与维护

陈新权　郝庆民/主　编
华　磊　唐　卫　秦俊鹏/副主编
樊海林/主　审

人民交通出版社

北　京

内 容 提 要

本书是汽车维修专业技能人才培养工学一体化课程教材之一。其主要内容包括新车交接检查、汽车首次维护、汽车4万km维护、新能源汽车安全防护与急救、新能源汽车常规维护。

本书可作为技工院校汽车维修专业教材,也可供汽车维修人员及相关技术人员参考使用。

本书配套数字资源,读者可免费扫码观看和在线学习;同时配有教学课件,教师可通过加入汽车技工教学研讨群(QQ:428147406)获取。

图书在版编目(CIP)数据

汽车检查与维护/陈新权,郝庆民主编. —北京：人民交通出版社股份有限公司,2024.10.(2025.7重印)
—ISBN 978-7-114-19584-6

Ⅰ.U469.72

中国国家版本馆 CIP 数据核字第 2024S4X956 号

书　　名:	汽车检查与维护
著 作 者:	陈新权　郝庆民
责任编辑:	李佳蔚
责任校对:	赵媛媛　刘　璇
责任印制:	张　凯
出版发行:	人民交通出版社
地　　址:	(100011)北京市朝阳区安定门外外馆斜街3号
网　　址:	http://www.ccpcl.com.cn
销售电话:	(010)85285911
总 经 销:	人民交通出版社发行部
经　　销:	各地新华书店
印　　刷:	北京市密东印刷有限公司
开　　本:	787×1092　1/16
印　　张:	18.5
字　　数:	382千
版　　次:	2024年10月　第1版
印　　次:	2025年7月　第2次印刷
书　　号:	ISBN 978-7-114-19584-6
定　　价:	50.00元

(有印刷、装订质量问题的图书,由本社负责调换)

编审委员会名单

主 任 委 员 文爱民

副主任委员 戴良鸿　沐俊杰　魏垂浩

委　　　员 （按照姓氏笔画排序）

广禹春　王玉彪　王　杰　王　瑜　王　雷
毛红孙　朱建勇　刘　卯　刘　宇　刘轩帆
刘　健　刘爱志　刘海峰　汤　彬　许云珍
杨雪茹　李长灏　李永富　李学友　李　轶
肖应刚　吴　飞　张　薇　陈志强　陈李军
陈金伟　陈新权　孟　磊　郝庆民　姚秀驰
夏宝山　晏和坤　高窦平　郭志勇　郭　锐
郭碧宝　唐启贵　黄　华　黄辉镀　彭红梅
彭钰超　解国林　樊永强　樊海林

前言
Preface

为进一步贯彻落实《关于深化技工院校改革 大力发展技工教育的意见》和《技工教育"十四五"规划》《推进技工院校工学一体化技能人才培养模式实施方案》等文件精神，对接汽车产业发展新趋势，满足汽车领域高质量发展对高素质技术技能人才的需求，人民交通出版社特组织江苏汽车技师学院、广西交通技师学院、贵州交通技师学院、杭州技师学院、浙江交通技师学院、江苏省交通技师学院、广西工业技师学院、北京汽车技师学院、日照技师学院等20余所院校，共同编写了技工院校汽车维修专业工学一体化课程教材。

工学一体化培养模式是依据国家职业技能标准及技能人才培养标准，以综合职业能力培养为目标，将工作过程和学习过程融为一体，培育德技并修、技艺精湛的技能劳动者和能工巧匠的人才培养方式。本套教材秉承上述理念，落实《技工院校教材管理工作实施细则》，遵循知识和技能并重的改革方向，根据技工教育的特点以及技工院校学生的学习情况进行编写，具有以下特点：

（1）教材编写依据人社部最新发布的《汽车维修专业 国家技能人才培养工学一体化课程标准》，贯彻以学生为中心、以能力为本位的教学理念，构建难度适当的理论知识体系，以学生的实操内容及职业素养培养为核心，围绕典型学习任务设计教材任务、活动，突出知识的实用性、综合性和先进性。教材按照四步法"明确任务、工作准备与计划制订、计划实施、评价反馈"编写而成，充分实现思想政治教育、知识传授、技能培养融合统一，持续推动技工院校内涵发展和特色发展。

（2）在教材编写过程中，充分吸纳行业、企业专家，深入了解目前行业、企业对本专业人才的实际需求，由相关企业提供部分配套的教学资源和技术支持，行业企业人员真正深度参与教材编写与开发。进一步提高技能人才培养质量，帮助学生从学校学习到就业工作紧密衔接。

（3）部分教材配备了丰富的教学资源（纸数融合），教材的知识点以二维码方式链接动画、视频资源，所有教材配有课件、习题及答案等，满足学生个性化学习的需求，提升教材使用体验感。

（4）在教材中融入了丰富的课程思政元素及党的二十大精神内容，增强民族自信，体现"培根铸魂，启智润心"教育目标，实现思想政治教育与技术技能培养的有机结合。

本书是汽车维修专业技能人才培养工学一体化课程教材之一,根据国家工学一体化汽车维修专业《汽车检查与维护》课程标准编写。传统汽车检查与维护部分主要选用通用威朗、丰田卡罗拉等车型,新能源汽车检查与维护部分选用大众 ID.4 等车型,讲解传统汽车和新能源汽车检查与维护相关知识,以生产过程中典型工作任务驱动,学习活动引领实际操作,使学生沉浸于实际工作情景之中,易于理解和运用。本书配套有相关视频、教学 PPT 和教案,便于授课教师和学生参考。

本书由浙江交通技师学院陈新权、郝庆民担任主编,由江苏汽车技师学院华磊,贵州交通技师学院唐卫、秦俊鹏担任副主编,参编人员有浙江交通技师学院田宝春、秦世环、洪倩男、陈跃婷、曲来宝和江苏省交通技师学院吴飞、陈李军。其中,学习任务一由华磊、洪倩男、陈新权共同编写;学习任务二由唐卫、陈跃婷、陈新权共同编写;学习任务三由陈新权、曲来宝、吴飞共同编写;学习任务四由秦俊鹏、田宝春、郝庆民共同编写;学习任务五由郝庆民、秦世环、陈李军共同编写。金华凌丰雷克萨斯汽车销售股份有限公司徐鸽给予技术支持。陈新权、郝庆民对全书进行了统稿。广西交通技师学院樊海林担任本书主审。

限于编者水平,书中难免有疏漏和错误之处,恳请广大读者提出宝贵建议,以便进一步修改和完善。

编　者
2024 年 5 月

目录 Contents

学习任务一　新车交接检查(PDI) ·· 1
　学习活动1　汽车信息的查询与登记 ··· 2
　学习活动2　新车状态检查 ·· 11
　学习活动3　新车交接流程 ·· 27
　学习活动4　新车检查质量检验与评估 ··· 43
　任务习题 ·· 52

学习任务二　汽车首次维护 ·· 54
　学习活动1　汽车车辆外观检查 ··· 55
　学习活动2　汽车发动机检查 ·· 64
　学习活动3　汽车底盘检查 ·· 76
　学习活动4　汽车电气设备检查 ··· 87
　学习活动5　首次维护质量检验与评估 ··· 111
　任务习题 ··· 121

学习任务三　汽车4万km维护 ··· 124
　学习活动1　轮胎检查与维护 ·· 125
　学习活动2　车轮制动器检查 ·· 136
　学习活动3　制动液更换 ··· 150
　学习活动4　冷却液更换 ··· 156
　学习活动5　燃油滤清器更换 ·· 163
　学习活动6　空气滤清器和空调滤清器滤芯更换 ··· 168
　学习活动7　火花塞检查与更换 ·· 173
　学习活动8　4万km维护质量检验与评估 ··· 182
　任务习题 ··· 189

学习任务四　新能源汽车安全防护与急救 ··· 191
　学习活动1　高压电认知与触电急救操作 ··· 192
　学习活动2　安全防护装备使用与应急处理 ·· 204
　学习活动3　高压电中止与检验 ·· 218
　任务习题 ··· 228

学习任务五　新能源汽车常规维护 ·················· 230
学习活动1　动力蓄电池检查与维护 ················· 231
学习活动2　充电系统检查与维护 ··················· 240
学习活动3　驱动电机及控制系统检查与维护 ········· 249
学习活动4　冷却系统检查与维护 ··················· 257
学习活动5　底盘部件检查与维护 ··················· 264
学习活动6　空调系统检查与维护 ··················· 271
学习活动7　新能源汽车维护质量检验与评估 ········· 279
任务习题 ······································· 286

参考文献 ··· 288

学习任务一
新车交接检查（PDI）

学习目标

1. 知识目标

(1) 能说出汽车服务企业在社会的地位、价值及责任。
(2) 能说出维修车间环境与汽车企业组织架构。
(3) 能说出汽车服务企业管理制度及安全环保管理制度。
(4) 能描述车间安全标志、标识的区别，并能识别图标。
(5) 能描述车间 8S 管理的知识要点。
(6) 能描述汽车维修常用工、量具的选用方法。
(7) 能说出常用维修设备的功能、类别及使用注意事项。

2. 技能目标

(1) 能根据汽车服务企业组织架构，了解企业岗位认知和工作岗位职责。
(2) 能够运用汽车服务业务单，独立完成汽车服务企业业务流程。
(3) 能够正确进行汽车的基本操作。
(4) 能够进行新车售前检测（Pre-Delivery Inspection，PDI）操作。
(5) 能够根据检查要求正确选用常用的维修工量具。
(6) 能够正确操作各类汽车常用维修设备。
(7) 能够正确实施车间"8S"管理规定。

3. 素养目标

(1) 养成做事细心、严谨的作风。
(2) 培养自主学习能力，提高团队合作意识和创新精神。
(3) 养成良好的安全意识、责任意识、8S 管理意识，注重节约、节能和环保。
(4) 崇尚劳动，形成敢创新、敢挑战、爱岗敬业的职业精神和工匠精神。

参考学时

48 学时。

任务描述

一辆新车即将售出,需要按照新车交接检查标准完成新车交接质量检查工作。

学习活动 1　汽车信息的查询与登记

一、明确任务

根据任务描述,需要对汽车进行基本信息登记,并且与购车用户进行信息核对,保证汽车基本信息正确,符合客户要求。

二、工作准备与计划制订

(一)知识准备

1. 汽车的基本构造

1)汽车的类型

(1)乘用车:主要有普通乘用车、活顶乘用车、高级乘用车、小型乘用车、敞篷车、舱背乘用车、旅行车、多用途乘用车、短头乘用车、越野乘用车、专用乘用车。

(2)商用车:主要有_____、半挂牵引车、_____。

2)汽车的驱动方式

前置前驱(FF)、前置后驱(FR)、中置后驱(MR)、后置后驱(RR)、四轮驱动(4WD)。

3)燃油汽车的构造

现代燃油汽车大都是由_____、_____、_____及_____四个部分组成的,如图 1-1 所示。

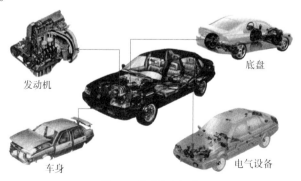

图 1-1　燃油汽车组成

（1）发动机。

发动机通过燃料燃烧释放出热能，进而转化为_____，为汽车提供动力。根据燃料的不同，发动机又可分为汽油机和柴油机。汽油机主要由_____、_____、_____、_____、_____、_____组成。柴油机没有_____。

（2）底盘。

底盘是汽车的基体，支撑并安装汽车发动机总成及各个零部件，并能传递发动机发出的动力，保证汽车正常行驶。汽车底盘一般包括_____、_____、_____和_____四大部分。

（3）车身。

车身是用来乘坐驾驶人、乘客和装载货物的场所。按其结构形式划分为单厢、两厢和三厢等类型。车身包括车窗、车门、驾驶舱、乘客舱、发动机舱和行李舱等。

（4）电气设备。

汽车电气设备为汽车用电设备提供不间断电源，提供动力，满足用电设备的需求，同时对汽车的安全、能源、污染控制及汽车的舒适、免维护、智能化等许多方面都起着十分重要的作用。汽车电气设备大致可分为三部分：_____、_____、_____。

4）纯电动汽车的构造

纯电动汽车（Battery Electric Vehicle，BEV）是完全由可充电电池（如铅酸蓄电池、镍镉蓄电池、镍氢蓄电池）提供动力源的汽车。纯电动汽车主要由决定其工作性能的三大系统，即_____、_____、_____组成，如图1-2所示。另外，还有起支撑、防护等作用的底盘、车身和辅助电器等。

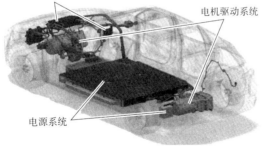

图1-2　纯电动汽车组成

2．汽车的主要参数

1）汽车的主要外部尺寸

汽车外部尺寸大致分为_____、_____、_____、_____和_____五个部分，如图1-3所示。

2）汽车通过性能参数

汽车通过性能是指在一定载质量下，汽车能以足够高的平均车速通过各种坏路及无路地带和克服各种障碍的能力，其性能参数主要包括_____、_____、与_____,如图1-4所示。

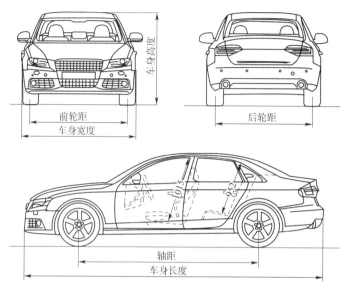

图1-3 汽车外部尺寸参数

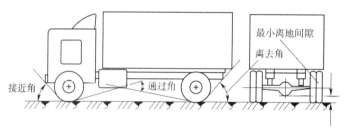

图1-4 汽车通过性能参数

3)汽车VIN码

VIN是英文Vehicle Identification Number(车辆识别码)的缩写。美国SAE标准规定:VIN编码由_____组成,它包含了车辆的生产厂家、年份、车型、车身型式及代码、发动机代码及组装地点等信息。一般位于车辆前风窗玻璃右下角和车辆铭牌中。车辆前风窗玻璃右下角VIN码,如图1-5所示。

图1-5 车辆前风窗玻璃右下角VIN码

VIN 编码主要由_____、_____和_____三个部分组成,如图 1-6 所示。

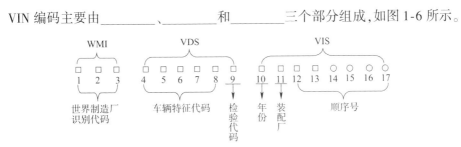

图 1-6　VIN 编码组成及含义

4) 车辆基本信息及铭牌

车辆的基本信息包括:车辆合格证、说明书、保修卡、车辆铭牌、里程数、生产日期。

车辆铭牌一般在右前车门框上,车辆铭牌是标明车辆基本特征的标牌。其主要内容包括_____、_____、发动机排量、发动机额定功率、_____、总质量、载质量或载客人数、出厂编号、制造年月、制造国及厂名等,如图 1-7 所示。

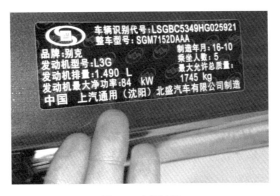

图 1-7　车辆铭牌

3. "8S"管理

"8S"就是_____(SEIRI)、_____(SEITON)、_____(SEISO)、_____(SEIKETSU)、_____(SHITSUKE)、_____(SAFETY)、_____(SAVE)、_____(STUDY)八个项目,因其均以"S"开头,简称为 8S。

(1) 整理:区分要用和不要用的,不要用的清除掉。目的是把"空间"腾出来活用。

(2) 整顿:要用的东西依规定定位、定量摆放整齐,明确标示。目的是不用浪费时间找东西。

(3) 清扫:清除工作场所内的脏污,并防止污染的发生。目的是消除"脏污",保持工作场所干干净净、明明亮亮。

(4) 清洁:将上面 3S 实施的做法制度化、规范化,并维持成果。目的是通过制度化来维持成果,并显现"异常"之所在。

(5) 素养:人人依规定行事,从心态上养成好习惯。目的是改变"人质",养成工作讲究认真的习惯。

(6)安全:包括管理上制订正确作业流程,配置适当的工作人员监督指示功能;对不符合安全规定的因素,及时举报消除;加强作业人员安全意识教育;签订安全责任书。目的是预知危险,防患于未然。

(7)节约:减少企业的人力、成本、空间、时间、库存、物料消耗等因素。目的是养成降低成本习惯,加强作业人员减少浪费意识教育。

(8)学习:深入学习各项专业技术知识,从实践和书本中获取知识,同时不断地向同事及上级主管学习,学习长处从而达到完善自我、提升自己综合素质之目的。目的是使企业得到持续改善、培养学习型组织。

(二)制订工作方案

1. 任务分工(表1-1)

学生任务分配表　　　　　表1-1

班级		组号		指导老师	
组长		任务分工			
组员1		任务分工			
组员2		任务分工			
组员3		任务分工			
组员4		任务分工			
组员5		任务分工			
组员6		任务分工			

2. 工量具、仪器设备与耗材准备

(1)使用的仪器设备有:_____。

(2)使用的耗材有:_____。

3. 具体方案描述

_____
_____
_____
_____

三、计划实施

(一)安全注意事项及技能要点

1. 安全注意事项

(1)实训开始前,应摘掉戒指、手表、项链,脱去宽松的衣服,换上实训服,长头发应挽起固定于脑后。

(2)按正确的方法使用状态良好的工量具,使用后应立即清理,放好位置。

(3)当整车实训时,确保点火开关处于 LOCK 位置,操作另有要求除外。

(4)当就车工作时,应施加驻车制动,除非特定操作要求置于其他挡位。

2.技能要点

(1)能够查询汽车 VIN 码和车辆铭牌,并填写《车辆信息登记表》。

(2)能够对照《车辆信息登记表》,核对车辆信息。

(二)汽车信息的查询和登记任务实施

1.作业前准备(表 1-2)

作业前准备操作方法及说明　　　　　　　　表 1-2

步骤	操作方法及说明	质量标准及记录
作业前准备	(1)做好个人防护作业:穿工作服、劳保鞋、戴安全帽。必要时,戴绝缘手套、护目镜。	□正确做好个人防护作业
	(2)车辆停放平稳,且在合适的举升位置。 (3)安装车轮挡块。	□正确检查车辆停放平稳 □正确安装车轮挡块
	(4)安装尾气抽排装置。	□正确安装尾气抽排装置

续上表

步骤	操作方法及说明	质量标准及记录
作业前准备	(5)做好车辆防护作业:安装车内四件套(转向盘套、座椅套、地板垫、换挡杆套)和车外三件套(左右翼子板布、前格栅布)	□正确进行车辆防护作业

2.汽车信息的查询与登记(表1-3)

汽车信息的查询与登记操作方法及说明　　　　表1-3

步骤	操作方法及说明	质量标准及记录
查询汽车品牌及类型	根据已学知识或网上查询确认汽车品牌及类型	□正确查询汽车品牌及类型
检查汽车铭牌信息	(1)检查车身铭牌信息,如图1-7所示。 (2)检查前风窗玻璃车辆识别码	□正确检查车身铭牌信息 □正确检查前风窗玻璃车辆识别码

续上表

步骤	操作方法及说明	质量标准及记录
查询汽车基本信息	（1）通过由客户提供信息,利用网上查询、专业设备查询和汽车本身查询等方法查询汽车基本信息。 （2）核实汽车基本信息是否正确,如图1-7所示	□正确查询汽车基本信息 □正确核对汽车基本信息
登记汽车基本信息	汽车基本信息的登记并确认	□正确登记并确认汽车基本信息

3. 车辆信息查询登记表（表1-4）

车辆信息查询登记表　　　　　　　　　　　　　　　表1-4

车辆信息查询登记表			
车牌号		购置日期	
车辆识别号/车架号			
发动机号			
车辆制造厂商			
车辆品牌		车辆等级	
生产日期		燃料动力	
颜色		里程数(km)	
发动机缸数		排量	
发动机进气形式		发动机功率	
变速器类型		变速器挡位	
车辆外廓尺寸(mm)			

续上表

车辆信息查询登记表			
轮胎规格		轮胎气压	
总质量		整备质量	
核定载客人数			
车身		车门	
排放标准			
燃油标号			

四、评价反馈(表1-5)

评价表 表1-5

评分项目	评分标准	分值(分)	得分(分)
学习目标	能明确本任务的知识、技能、素养目标,理解任务在工作中的重要程度	5	
工作任务分析	能清晰描述完成本次工作任务内容	2	
	能清晰描述完成本次工作任务需必备的技能与知识点	2	
有效信息获取	能查阅资料,准确判别出汽车的品牌与类型	5	
	能准确写出汽车的基本信息	5	
	能找到汽车的铭牌位置	5	
	能核实汽车的基本信息	5	
实施方案制订	能清晰地制订并填写本次汽车信息查询和登记的准备作业计划	5	
	能组织或协同工作小组成员,明确本次任务所需仪器设备、工具、材料的准备与清点,并准备记录	5	
	能组织或协同工作小组成员交流,优化检查方案并记录	5	
任务实施	能规范地进行作业前现场环境检查,并记录	5	
	能检查并规范穿戴个人防护用具,并记录	5	
	能规范查询车辆信息,并完整记录	10	
	能核对好汽车的基本信息	10	
	能与客户沟通流畅	8	
任务评价	能通过本次任务实施,结合自己在实训过程中的表现,进行自我评价及自我反思并记录	3	

续上表

评分项目	评分标准	分值(分)	得分(分)
职业素养	按规定时间完成项目作业	2	
	遵守实训室管理规定、劳动纪律	2	
	积极参与课堂活动、回答问题	2	
	能够按时出勤	2	
	独立完成作业前个人和车辆防护、作业后实施"8S"管理	2	
思政要求	爱岗敬业、尊重教师、团结同学,按文明生产规则进行操作,按规矩办事,做好交流沟通、展示良好的工匠精神和职业素养	5	
总计		100	

改进建议:

教师签字:
日期:

学习活动2 新车状态检查

 一、明确任务

根据任务描述,需要完成新车状态的检查,包括车辆内部检查、外部检查、发动机舱检查和车辆动态检查。

 二、工作准备与计划制订

(一)知识准备

1. 车主手册

车主手册主要介绍车辆主要技术参数和使用方法,用户按照车主手册的要求合理使用车辆。

2. 汽车维修手册

汽车维修手册是汽车制造企业为汽车产品的销售和售后服务专门编制的技术文件。其内容涵盖整车零部件名称、车辆参数、安装位置、故障排除流程、机械修理、电气检修和整车电路图等相关的工艺要求和技术标准,是组织和实施车辆维修、检测的依据。

3. 常用工具

在汽车维修过程中,常用工具主要有各种类型及型号的套筒、扳手、起子、钳类、手锤等。

常用工具规范操作

1)套筒及配套工具(以世达 09014-A 工具箱为例)

套筒是一种呈短管状,其中一端呈六角形或十二角形,可以用于拆装外径 4~32mm 的螺栓;另一端呈正方形,与扳手配合使用,如图 1-8 所示。

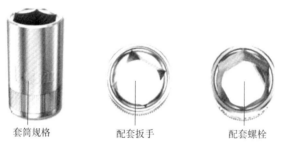

图 1-8 套筒的结构

根据使用用途不同,套筒可以分为_____、_____、_____、_____,如图 1-9 所示。

图 1-9 套筒的种类(按用途)

2)各类扳手

(1)常用扳手。

扳手是汽车修理中最常用的一种工具,主要用于拧转一定范围内的螺栓、螺母或其他螺纹紧固件。常用的扳手类型见表 1-6。

在拆卸螺栓或螺母时,建议按照"先_____、后_____、再_____、最后_____"的选用原则进行选取。

(2)机油滤清器扳手。

机油滤清器扳手主要用于拆装发动机机油滤清器。根据结构不同,主要有杯式机油滤清器扳手、三爪式机油滤清器扳手、环形机油滤清器扳手、钳式机油滤清器扳手,如图 1-10 所示。

常用的扳手类型　　　　　　　　　　　　　　　　表 1-6

扳手类型	特点	使用方法	图示
开口扳手	开口不能调节，在力矩较大时，可与手锤配合使用，有单头和双头两种	（1）扳口大小与螺栓、螺母尺寸一致。 （2）最好采用拉动的方式，若要推动，则用手掌推动，防止伤手	
梅花扳手	两端呈六角孔或十二角孔，适用于狭窄操作空间	使用时，将螺栓或者螺母全部围住，扳动另一端，扳动 30° 后，则可更换位置	
套筒扳手	由多个带六角孔或十二角孔的套筒和手柄、接杆等多种附件组成，是用于拧转空间狭小或凹陷较深的螺栓或螺母	（1）选择合适的套筒。 （2）将套筒完全套住螺栓或螺母。 （3）左手握住摇杆顶部，右手握住摇杆弯曲部分，迅速旋转。注意：摇杆不可摇晃，避免产生安全事故	
活动扳手	开口大小可在规定范围内调节	（1）使用时，将开口调整至与螺栓或螺母的对角同宽，并贴近。 （2）稍微锁紧钳口。 （3）双手紧握扳手末端，拧动螺栓或螺母	
棘轮扳手	棘轮扳手是一种可配合套筒或接杆使用的维修工具，一般有大、中、小三种规格	（1）根据螺栓或螺母的尺寸，选择合适的套筒，套在手柄的方形端头上，再将套筒套住螺栓或螺母，转动快速摇柄进行拆装。 （2）根据情况，配合使用长接杆或短接杆。 （3）不可施加过大力矩，可能损坏棘爪结构	
内六角扳手	内六角扳手通过施加对螺栓的作用力，常用于操作位于深孔中或者尺寸非常小的螺栓，内六角扳手的两端都可以使用	（1）根据螺栓或螺母尺寸，选择相应大小的内六角扳手。 （2）扳手头部完全嵌入到螺栓或螺钉的内六角槽中。 （3）使用内六角扳手，施加适当力矩，过大力矩可能导致螺栓断裂或脱落，过小力矩可能导致连接松动	

杯式机油滤清器扳手　　三爪式机油滤清器扳手　　环形机油滤清器扳手　　钳式机油滤清器扳手

图1-10　常见的扳手类型

机油滤清器扳手的使用方法如下：

①杯式机油滤清器扳手：将杯式扳手套在机油滤清器顶部的多棱面上，再进行旋转即可。

②环形机油滤清器扳手：将环形扳手套在机油滤清器顶部的多棱面上，扳动手柄，扳手的环形会根据滤清器的大小卡紧在棱面上。

③三爪式机油滤清器扳手：需配套套筒手柄使用，根据机油滤清器的大小调节三爪的尺寸。

④钳式机油滤清器扳手：将钳式机油滤清器扳手套在机油滤清器顶部的多棱面上，调整钳口的大小卡紧棱面即可。

3）钳子

钳子是用于固定、夹持扁形或圆形零件或者扭转、弯曲、剪断金属丝线的手工工具，常见的钳子类型有斜口钳、＿＿＿＿＿＿＿、水泵钳、＿＿＿＿＿＿＿、钢丝钳、管钳、＿＿＿＿＿＿＿、大力钳等，如图1-11所示。

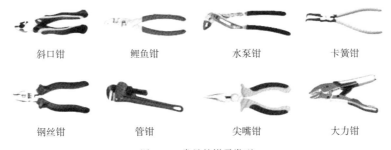

斜口钳　　　　鲤鱼钳　　　　水泵钳　　　　卡簧钳

钢丝钳　　　　管钳　　　　尖嘴钳　　　　大力钳

图1-11　常见的钳子类型

4）螺丝刀

螺丝刀是用于拧转螺钉的常用工具，也称为"起子"，它有一个薄楔形头，可插入螺钉钉头的槽缝或凹口内。根据螺丝刀头型的不同，常见有＿＿＿＿＿＿＿、＿＿＿＿＿＿＿、米字、方头、六角头、Y型头部等，如图1-12所示。

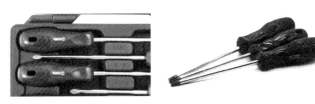

图1-12　螺丝刀

5）锤击类工具

锤子也称榔头或手锤,属于锤击类工具。主要用于锤击錾子、冲子等或用来敲击工件,使工件变形、产生位移、振动,从而达到校正、整形的目的,如图1-13所示。

6）电动工具及气动工具

电动工具是指用手握持操作,以小功率电动机或电磁铁作为动力,通过传动机构来驱动的工具。气动工具主要是利用压缩空气带动气动马达对外输出动能的一种工具。汽车维修中常见的电动工具及气动工具有_____、_____、_____、_____等,如图1-14所示。

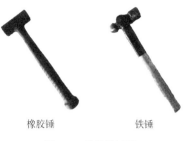

图1-13 常见的锤子

图1-14 常见的电动和气动工具

4．常用量具

1）钢直尺

钢直尺是最基本的测量工具,具有刻度清晰、结构坚固、使用方便、测量精度不高的特点,可直接测量工件的尺寸,如图1-15所示。钢直尺的长度通常有150mm、200mm、300mm、500mm和1000mm等多种规格。

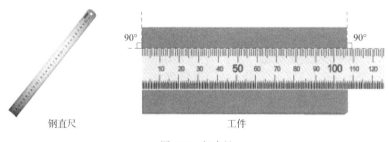

图1-15 钢直尺

2）塞尺

塞尺又称为厚薄规或间隙片,是由一组具有不同厚度的薄钢片组成的量规。在汽车维修过程主要用于测量_____、_____和一些接触面的_____。塞尺的每片塞片都有厚度标识,可单片使用,也可组合使用。如图1-16所示。

3）游标卡尺

游标卡尺是一种测量_____、_____、_____的量具。常见的游标卡尺有普通游标卡尺、带表游标卡尺和数显游标卡尺(电子游标卡尺)等类型。

图 1-16　常见的塞尺

游标卡尺由_____和附在主尺上能滑动的_____两部分构成,如图 1-17 所示。主尺一般以毫米为单位,而游标上则有 10 个、20 个或 50 个分格,精度分别为 0.1mm、0.05mm、0.02mm。游标卡尺的读数结果 $L=$ 整数部分 + 小数部分,以图 1-18 为例,读取测量结果:$L=33$mm $+ 12×0.02$mm $=33.24$mm。

常用量具规范操作

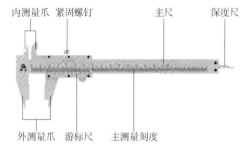

图 1-17　游标卡尺的结构

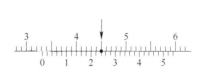

图 1-18　游标卡尺读数示例

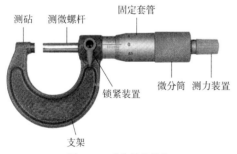

图 1-19　千分尺的结构

4) 千分尺

千分尺也叫螺旋测微器,精度有 0.01mm、0.02mm、0.05mm 等类型,读数时可读到小数点后第_____位(千分位),故称千分尺,其结构如图 1-19 所示。

在使用千分尺之前,进行_____校准,并清洁千分尺和被测物体的表面。将被测物体置于千分尺测量头之间,旋转微分筒和测量装置,直到游标和被测物体表面接触。测量时,要确保千分尺和被测物体_____,避免出现测量误差。

如图 1-20 所示,千分尺读数时,先读主轴刻度 7mm,再读微分筒读数 0.374mm,则被测量件的尺寸为 $L=7.374$mm。

5) 百分表

百分表是利用指针和刻度将心轴移动量放大来表示测量尺寸,主要用于测量工件的_____以及_____。同时百分表也可以和夹具配合使用。

百分表表盘刻度分为 100 格,当测量头每移动 0.01mm 时,大指针偏转 1 格;当测量头每移动 1.0mm 时,大指针偏转 1 周,小指针偏转 1 格相当于 1mm。另外,当大指针顺时针转过刻度盘上的"0"的 n 个刻度时,说明所测值比标准值大 n 个 0.01mm,反之则小 n 个 0.01mm,如图 1-21 所示。

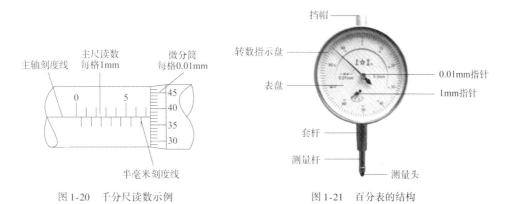

图 1-20　千分尺读数示例　　　　图 1-21　百分表的结构

除了以上常见的测量工具外,还有一些特殊场合需要用的工具,如胎压检测仪、蓄电池检测仪、汽车万用表等。这些专用的检测工具,在使用时一定要注意使用方法和规范。

(二)制订工作方案

1. 任务分工(表 1-7)

学生任务分配表　　　　表 1-7

班级		组号		指导老师	
组长		任务分工			
组员 1		任务分工			
组员 2		任务分工			
组员 3		任务分工			
组员 4		任务分工			
组员 5		任务分工			
组员 6		任务分工			

2. 工量具、仪器设备与耗材准备

(1)使用的工量具有:_____。

(2)使用的仪器设备有:_____。

(3)使用的耗材有:_____。

3. 具体方案描述

三、计划实施

(一)安全注意事项及技能要点

1. 安全注意事项

(1)认真检查工量具,确保能正常使用。按正确的方法使用后,应立即清洁并收好。

(2)确保在安全的情况下,正确起动车辆。

(3)车辆检查时,严格按照技术要求进行,避免刮伤或损坏车辆。

(4)进行 PDI 检查时,注意相关人员和车辆的安全。

2. 技能要点

(1)能够根据相关要求,熟练使用车辆说明书进行准确查找。

(2)能根据新车状态作业单,对车辆状态、车辆基本信息进行检查和确认。

(3)能按照新车检查的流程,对新车的内部、外部、发动机静态和动态完成检查。

(4)能掌握新车检查过程中用到的工量具和检测设备的使用方法,并了解使用注意事项。

(二)新车状态、铭牌、附件检查任务实施

1. 车辆外部检查(表1-8)

随车物品及车辆外部检查操作方法及说明　　　　　　表1-8

步骤	操作方法及说明	质量标准及记录
车辆外部检查	(1)检查车辆铭牌信息是否与车主手册一致。 (2)在光线充足的环境下,顺光(逆光)检查车身漆面,包括后视镜、车辆四角、车门和前后保险杠等位置。 	□确定车辆铭牌信息准确无误 □全车车身漆面正常,无划痕、脱漆、色泽不均等情况
	(3)查看风窗玻璃是否原厂生产,玻璃表面平整透亮,无开裂、爆眼、划伤、划痕等问题,通过玻璃看物体无变形现象。	□正确检查风窗玻璃

续上表

步骤	操作方法及说明	质量标准及记录
车辆外部检查	(4)检查车门:开关力度是否均匀,关门是否能一步到位,车门密封条无划伤,安装牢固,与车门配合无间隙,车门缝隙是否均匀,门轴转动时无杂音。 (5)轮胎检查。 ①检查车辆四个轮胎的厂家、生产日期、规格是否一致。 ②检查四个轮胎胎毛有无磨损,胎纹是否正常,螺栓、螺母、气帽嘴是否缺失。 ③参考车身胎压标识,检查四个轮胎胎压是否符合要求	□正确检查车门状态 □正确检查轮胎状态

2. 新车内部检查Ⅰ(静态)(表1-9)

新车内部检查Ⅰ(静态)操作方法及说明　　　　　　表1-9

步骤	操作方法及说明	质量标准及记录
新车内部检查Ⅰ(静态)	(1)检查新车内饰的表面有无明显损坏,是否过于粗糙,各组件安装是否紧固。	□正确检查新车内饰,符合新车要求
	(2)检查新车内饰板、拉手、手套箱和储物箱功能,能否正常开启和关闭,无卡滞现象。	□检查新车拉手、手套箱和储物箱功能正常
	(3)检查车辆上眼镜盒、点烟器、遮阳挡板功能是否正常,能否正常开启和关闭,无卡滞现象。	□检查眼镜盒、点烟器、遮阳挡板功能正常
	(4)检查中控门锁、四门独立锁和儿童锁功能是否正常,门锁对位准确与否。	□检查车门锁功能正常
	(5)调节转向盘的上下角度,晃动转向盘上下无间隙,检查汽车喇叭的鸣笛声是否正常。	□检查转向盘功能正常

续上表

步骤	操作方法及说明	质量标准及记录
新车内部检查Ⅰ(静态)	(6)检查加油口盖、行李舱、发动机舱盖在关闭状态下与车身的配合间隙是否均匀,开关功能是否正常,有无卡滞。	□新车加油口盖、行李舱、发动机舱盖的开关功能正常
	(7)检查安全带表面是否有划伤、裂缝,能否顺利卡入和拉出,快速拉动安全带,能否卡死拉不动。检查安全带见表2-35。	□检查安全带功能正常
	(8)检查随车工具(备胎、三脚架、车轮扳手、千斤顶、摇杆、拖车钩)	检查随车工具: □备胎 □三脚架 □车轮扳手 □千斤顶 □摇杆 □拖车钩

3.新车内部检查Ⅱ(车钥匙转到ON位置)(表1-10)

新车内部检查Ⅱ操作方法及说明　　　　表1-10

步骤	操作方法及说明	质量标准及记录
新车内部检查Ⅱ(车钥匙转到ON位置)	(1)检查电动座椅有无开裂、脏污等,座椅表面是否完好,座椅调节开关各方向调整是否平滑,无卡滞。	□正确检查电动座椅功能正常
	(2)检查后视镜开关,各个方向的调整是否平顺、电动折叠功能是否正常。	□正确检查后视镜功能正常
	(3)检查仪表开门报警灯、开门报警音、燃油报警灯、安全带灯、EPB(电子驻车制动系统)灯、水温显示、转速表显示和其他指示灯是否正常。参见学习任务二学习活动4表2-26灯光及仪表系统检查操作方法及说明。	检查仪表指示: □开门报警灯、报警音 □水温显示 □燃油报警灯

续上表

步骤	操作方法及说明	质量标准及记录
新车内部检查Ⅱ(车钥匙转到ON位置)	(4)通过大屏或者开关,打开车辆收音机,检查新车收音机AM/FM和音响功能是否正常。	□EPB 灯 □安全带灯 □转速表显示 □正确检查音响和收音机功能正常
	(5)挂至倒挡,检查倒车雷达和倒车影像功能是否正常,检查车载导航功能是否正常。	□正确检查倒车雷达、倒车影像、车载导航功能正常
	(6)检查四门车窗开关功能是否正常,无卡滞,检查四门车窗的升降是否顺畅,玻璃到底是否冲底。	□正确检查四门功能正常
	(7)检查天窗是否正常开启和关闭,无卡滞,并查看天窗的锁闭情况。	□正确检查天窗功能正常

续上表

步骤	操作方法及说明	质量标准及记录
新车内部检查Ⅱ(车钥匙转到 ON 位置)	(8)检查刮水器在间歇挡/低速挡/高速挡/雾功能/洗涤/关闭功能是否正常、刮水器活动顺滑、是否刮干净,噪声是否很大,是否回到底	检查刮水器功能: □间歇挡 □低速挡 □高速挡 □雾功能 □洗涤 □关闭功能

4.车辆内部检查Ⅲ(起动发动机)(表 1-11)

车辆内部检查Ⅲ操作方法及说明　　　　　　　表 1-11

步骤	操作方法及说明	质量标准及记录
车辆内部检查Ⅲ(起动发动机)	(1)检查空调。参见学习任务二学习活动 4 表 2-27 空调系统检查。 (2)检查车内灯(阅读灯/门灯/顶灯/行李舱灯)和车外灯(示廓灯/牌照灯/近光灯/远光灯/闪光灯/前后雾灯/转向灯/危险警告灯/驻车灯/制动灯/倒车灯的功能是否正常(要求室外人员配合)。参见学习任务二学习活动 4 表 2-26 灯光及仪表系统检查操作方法及说明	□检查空调功能 检查灯光功能: □阅读灯 □门灯 □顶灯 □行李舱灯 □示廓灯 □牌照灯 □近光灯 □远光灯 □闪光灯 □前后雾灯 □转向灯 □危险警告灯 □驻车灯 □制动灯 □倒车灯

5.发动机舱检查(表 1-12)

发动机舱检查操作方法及说明　　　　　　　表 1-12

步骤	操作方法及说明	质量标准及记录
发动机舱检查	(1)打开发动机舱盖,查看发动机舱内是否有明显油污,清洁发动机舱。	□正确进行发动机舱内部清洁

续上表

步骤	操作方法及说明	质量标准及记录
发动机舱检查	(2) 检查冷却液储液罐液位，冷却液管路无泄漏。	□ 正确检查冷却液储液罐液位
	(3) 检查蓄电池电解液液位是否合适、蓄电池接头是否腐蚀、观察孔颜色是否为绿色。	□ 正确检查蓄电池状态
	(4) 检查机油液位是否在正常液位：使用防尘布将机油尺擦干净，然后插入，再次拔出观察机油的颜色和刻度，颜色应为黄亮色，液位在最高和最低刻度之间。	□ 正确检查机油油液和颜色
	(5) 检查制动液液位高度，是否在"MIN"和"MAX"之间。如果低于"MIN"，需检查系统的密封性，并及时添加制动液。	□ 正确检查制动液状态和液位

续上表

步骤	操作方法及说明	质量标准及记录
发动机舱检查	(6)检查地面和底盘有无油点或油污,判断有无(冷却液、机油、制动液、电解液)的泄漏现象。 (7)检查发动机舱内的线束无裂纹、无破损、无断裂	□正确检查油管、液管泄漏情况 □正确检查发动机舱内的线束状态

6. 动态检查(表1-13)

动态检查操作方法及说明 表1-13

步骤	操作方法及说明	质量标准及记录
新车动态检查	(1)第一次点火,不要猛踩加速踏板,观察是否会自动熄火,起动转速约为1200r/min,怠速约为800r/min;检查怠速时,发动机声音应平稳连续,发动机无明显异响。 (2)检查动态时,仪表显示是否正常。 (3)怠速时挂D挡,观察车辆有无明显抖动,转向盘是否抖动。 (4)打开发动机舱盖,检查是否有冒烟现象。 (5)转向盘转到极限位置(不要超过5s),观察有无异响。 (6)手心接近排气管管口,判断排气管排气是否连续,掌心潮湿但无汽油味。 (7)举升车辆,查看车辆底部有无刮痕、油污。 (8)怠速2min以上,观察是否抖动严重,如果抖动严重,说明发动机有故障。 (9)缓慢踩下加速踏板,观察发动机有无异响、抖动等现象。 (10)动态检查完成后,观察车辆所在地面情况,正常情况是除了排气管有水滴外,其他部位应该没有任何水油渗漏	□正确检查发动机空挡怠速、异响 □正确检查仪表指示灯显示功能 □正确检查挂D挡怠速工作 □正确检查发动机舱盖冒烟现象 □正确检查转向盘极限位置异响 □正确检查排气管管口异味 □正确检查车底渗漏情况 □起动2min以上,正确检查车辆抖动 □正确检查车辆加速异响 □动态检查后,正确检查车辆渗漏

四、评价反馈(表1-14)

评价表　　　　　　　　　　　　　　　　　　　　　　　表1-14

评分项目	评分标准	分值(分)	得分(分)
学习目标	能明确本任务的知识、技能、素养目标,理解任务在工作中的重要程度	5	
工作任务分析	能清晰描述完成本次工作任务内容	2	
	能清晰描述完成本次工作任务需必备的技能与知识点	2	
有效信息获取	能查阅资料,准确填写本次实训车辆的基本信息	2	
	查阅资料,写出车辆基本信息检查的项目和检查方法	3	
	查阅资料,写出车辆外部检查的项目和检查方法	3	
	查阅资料,写出车辆内部检查的项目和检查方法	3	
	查阅资料,写出发动机舱检查的项目和检查方法	4	
	查阅资料,写出车辆动态检查的项目和检查方法	3	
	查阅资料,写出车辆底盘检查的项目和检查方法	4	
实施方案制订	能清晰地制订并填写本次实训工作计划	5	
	能组织或协同工作小组成员,明确本次任务所需仪器设备、工具、材料的准备与清点,并准备记录	5	
	能组织或协同工作小组成员交流,优化检查方案并记录	5	
任务实施	能规范地进行作业前现场环境检查,并记录	3	
	能检查并规范穿戴个人防护用具,并记录	3	
	能规范进行随车物品及车辆外部检查,并记录	5	
	能规范进行车辆内部检查Ⅰ(静态),并记录	5	
	能规范进行车辆内部检查Ⅱ(车钥匙转到ON位置),并记录	5	
	能规范进行车辆内部检查Ⅲ(起动发动机),并记录	5	
	能规范进行发动机舱检查,并记录	5	
	能规范进行动态检查,并记录	5	
任务评价	能通过本次任务实施,结合自己在实训过程中的表现,进行自我评价及自我反思并记录	3	
职业素养	按规定时间完成项目作业	2	
	遵守实训室管理规定、劳动纪律	2	
	积极参与课堂活动、回答问题	2	
	能够按时出勤	2	
	独立完成作业前个人和车辆防护、作业后实施"8S"管理	2	

续上表

评分项目	评分标准	分值(分)	得分(分)
思政要求	爱岗敬业、尊重教师、团结同学、按文明生产规则进行操作,按规矩办事、做好交流沟通、展示良好的工匠精神和职业素养	5	
总计		100	
改进建议:			

教师签字:
日期:

学习活动 3　新车交接流程

一、明确任务

根据任务描述,需要进行交车前的准备工作,包括交车时需要完成的服务流程,与客户进行及时沟通交流,使交车任务顺利完成。

二、工作准备与计划制订

(一)知识准备

1.汽车维修企业的分类与形式

1)汽车维修企业的分类

根据国家标准《汽车维修业经营业务条件　第1部分:汽车整车维修企业》(GB/T 16739.1—2013 和《汽车维修业经营业务条件　第2部分:汽车综合小修及专项维修业户》(GB/T 16739.2—2023),汽车维修企业分类如图1-22所示。

(1)汽车整车维修企业。

它是有能力对所承修车型的整车、各个总成及主要零部件进行各级维护、修理及更换,使汽车的技术状况和运行性能完全(或接近完全)恢复到原车技术要求的汽车维修企业。按规模大小的不同,汽车整车维修企业分为一类和二类汽车整车维修企业。

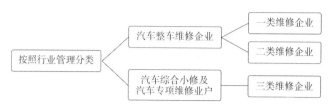

图1-22 汽车维修企业分类

(2)汽车综合小修及汽车专项维修业户。

①汽车综合小修业户。它是从事汽车故障诊断和通过修理或更换个别零件,消除车辆在运行过程或维护过程中发生或发现的故障或隐患,恢复汽车工作能力的维修业户(三类)。

②汽车专项维修业户。它是从事汽车发动机维修、车身维修、电气系统维修、自动变速器维修、轮胎动平衡及修补、四轮定位检测调整、汽车润滑与养护、喷油泵和喷油器维修、曲轴修磨、汽缸镗磨、散热器维修、空调维修、汽车美容装潢、汽车玻璃安装及修复等专项维修作业的业户(三类)。

2)常见的汽车维修企业形式

(1)汽车4S店。

汽车4S店是目前国内常见的一种汽车维修企业,它是"四位一体"的汽车特许经营模式,包括_____(Sale)、_____(Sparepart)、_____(Service)、_____(Survey)等,某品牌汽车的4S店如图1-23所示。

图1-23 某品牌汽车的4S店

汽车4S店售后服务部组织架构与岗位设置如图1-24所示。

①售后服务部服务总监:1人。负责汽车厂家4S店售后服务部的全面管理工作。

②服务经理:1人。负责制订、安排、开展和协调具体服务工作,协调服务顾问、索赔员、收银员、维修车间、配件部门之间的关系;负责解决服务过程中与客户发生的纠纷,主持重大质量事故和客户投诉的处理。

③配件经理:1人。负责保证维修所需配件供应充足,并对配件的质量负责。

④技术经理:1人。负责技术管理、维修质量、培训、工具/资料等技术管理制度的

制订;解决技术难题等。

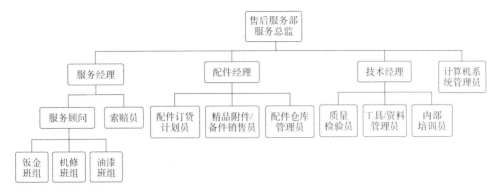

图1-24 汽车4S店售后服务部组织架构与岗位设置

⑤服务顾问:若干人,根据实际情况设定。负责按服务流程完成车辆维修的工作;负责一般客户投诉的解决;负责建立完善客户档案。

⑥机修班组:若干人。负责车辆的机/电维修工作;负责本工位设备及工具的维护;负责工序质量的自检;负责工位环境的清洁与保持。

⑦钣金班组:若干人。负责车辆的钣金维修工作;负责本工位设备及工具的维护;负责工序质量的自检;负责工位环境的清洁与保持。

⑧油漆班组:若干人。负责车辆的调漆、喷漆工作;负责本工位设备及工具的维护;负责工序质量的自检;负责工位环境的清洁与保持。

⑨索赔员:1人。负责索赔相关工作。

⑩配件订货计划员:1人。负责与配件订购计划相关的工作。

⑪精品附件/备件销售员:1人。负责销售精品附件/备件。

⑫配件仓库管理员:1~2人。负责配件库存管理及发放等相关的工作。

⑬质量检验员:1人。负责维修质量的检验及反馈、保证维修质量等相关工作。

⑭工具/资料管理员:1人。对4S店商品车的销售进行合理分配、库存管理;负责商品车、展厅车、试驾车等的统计盘点;协助销售员对车辆情况进行分类标记;按时做好车辆进销存统计,每月底和财务盘点核查等相关工作。

⑮内部培训员:1人。负责4S店内部培训的授课工作和技术部工作;收集和分析重大技术问题并及时传递,及时学习;协助4S店开展培训的其他相关工作;掌握4S店内部技术的培训率;负责内部培训人员的考核等相关工作。

⑯计算机系统管理员:1人。建立健全4S店网络,并确保网络安全;配合厂家安装、维护和监控运行业务管理系统;负责邮件的收发、传递工作;负责计算机软硬件的维护与安装等工作。

(2)汽车综合性修理厂。

汽车综合性修理厂是从事汽车整车和总成维修的企业,相对于汽车4S店而言,修理的车型相对多样化,如图1-25所示。

图 1-25　汽车综合性修理厂

（3）汽车快修店。

汽车快修店一般从事汽车专项维修,如专修汽车电器、专修汽车空调等,如图 1-26 所示。

图 1-26　汽车快修店

2．安全标识

汽车维修企业安全标志五大类分为：_____、_____、_____、_____、_____。

（1）禁止标志:含义是不准或制止人们的某些行动。我国规定的禁止标志共有 28 个,如禁放易燃物、禁止吸烟、禁止通行、禁止烟火等,如图 1-27 所示。

图 1-27　禁止标志

（2）警告标志:含义是警告人们可能发生的危险。我国规定的警告标志共有 30 个,如注意安全、当心触电、当心爆炸、当心火灾等,如图 1-28 所示。

图 1-28　警告标志

(3) 指令标志:含义是必须遵守。指令标志共有 15 个,如必须戴安全帽、必须穿防护鞋、必须系安全带、必须戴防护眼镜等,如图 1-29 所示。

图 1-29　指令标志

(4) 提示标志:含义是示意目标的方向。提示标志共有 13 个,如消防警铃、火警电话、地下消防栓、地上消防栓等,如图 1-30 所示。

图 1-30　提示标志

(5) 补充标志:是对前述四种标志的补充说明,以防误解,如图 1-31 所示。

图 1-31　补充标志

3. 新车交接流程认知

1) 新车交付的目的

新车交付是一个让人心动的时刻,通过严格贯彻执行销售流程标准,使顾客感觉到销售顾问及所有的经销商工作人员都在分享他的欢乐与喜悦。

通过热情、专业、规范的交车,来加深顾客印象,提高顾客满意度,并以此为机会发掘更多的销售机会。让顾客充分了解新车的操作和使用,以及后续维护服务事项,充分体现"顾客至上"的服务理念和品牌形象。

2)新车交付的工作重点

(1)充分讲解车辆使用相关知识,简单介绍车辆常见问题及解决方案,创造美好交车体验,提高顾客满意度,为通过老顾客开发新的商机打好基础。

(2)交车过程中应该有计划,特别是对于顾客可能在初期使用中遇到的问题做前期心理铺垫,降低在问题出现时顾客可能产生的不安与无助的感觉,从而避免投诉的产生。

(3)利用顾客在交车阶段的积极情绪,和顾客做深度沟通,争取建立超越买卖关系的人际关系,为以后经营老顾客资源做准备。

3)交车服务的流程

交车服务的流程如图1-32所示。

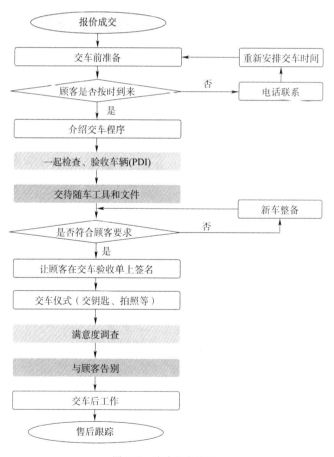

图1-32 交车服务流程

(1)交车前的准备。

①确认交车时间。电话联系顾客,确定交车时间,询问与顾客同行人员、交通工具,并对交车流程和所需时间简要介绍。

②确定车辆已完成 PDI 检查。车辆的 PDI 检查是指交车前检查,主要包括 VIN 码、发动机号、发动机机舱、驾驶室内的装饰、车身周围、车门、汽车底部和驾驶操作等检查内容。

③准备好需要签字的各种文件,见表1-15。

需要签字的文件　　　　表1-15

文件类别	文件明细
商业票据类和随车文件类	收费凭证、发票、合同或协议、完税证明、保险凭证、尾款结算单据等
商务活动类	销售经理、汽车销售顾问、服务经理和服务顾问的名片等
交车工具类	交车确认单据、PDI 检查表格
增值服务类	售后服务介绍资料、车友俱乐部介绍资料、试乘试驾联谊卡、文件资料袋等

④环境准备。销售顾问要给顾客营造一个清洁、舒适、亲切的环境。检查车辆是否清洁、清新,车内地板铺上保护纸垫,并将车辆放在已打扫干净的交车区内,在交车区应竖立一块欢迎牌,欢迎车主来提车,并根据车辆特点准备不同主题的背景墙和画板等。

⑤人员准备。提前安排好交车事宜的工作人员。通常在交车前要预先确定一个全程引导人,负责全程安排引导顾客交车事宜,售后服务顾问和财务人员也需提前安排好。

⑥迎送及庆典准备。首先,给顾客营造一个欢乐喜庆的迎送氛围;其次,提前预约好公司领导,以免发生临时找不到的情况;最后,安排好庆典主持人,准备好剪彩物品、赠送的礼品等。

⑦其他准备。交车前,销售顾问应再次确认顾客的服务条件和付款情况,确认并检查车牌、随车文件和工具等,准备好照相机、服务优惠券、车辆出门证等。

(2)顾客接待、介绍交车程序。

①到展厅门口等候,热情地迎接顾客。顾客到达时,销售顾问、服务经理等人员应到门口迎接并祝贺顾客。

②介绍交车程序,并得到顾客认可。向顾客概述交车流程和所需时间,征询顾客意见,并取得顾客认可及同意。

③对各项费用进行清算(超过或不足部分给予说明)。将提前准备好的各项费用单拿给顾客,请顾客阅读并确认,然后结算相应费用。

(3)一起检查,验收车辆(PDI)。

销售顾问应将顾客引导至新车旁,按照《售前检查证明 PDI》与顾客一起逐项检查,顾客无异议时,请顾客签字。

①根据《新车交车确认表》向顾客确认车辆的配件、工具、备胎等均为原厂出产,且从未使用过。

②陪同顾客检查车辆,并结合《用户使用手册》,向顾客讲解汽车使用方法,包括每一个开关、按键等;讲解车辆使用过程中的注意事项以及养护、维修的要点等,如图 1-33 所示。

图 1-33　陪同客户检查

③若顾客对车辆的操作或功能仍不熟悉,销售顾问应带顾客试开一段路程。销售顾问先给顾客做示范,然后再请顾客操作。如顾客有需要,销售顾问应协助顾客完成个性化设置。

(4)交代随车工具和文件。

①销售顾问应与顾客确认车辆没有任何问题,然后请顾客在车辆交接表中签字确认。

②交接随车文件及工具等。合格证、发票、车辆钥匙及条码、保险手续、行驶证等,当面核对并要求保管好;移交随车文件(包括《维护手册》《售后服务网通讯录》《7500km 免费维护凭证》《安全使用说明》)。

③介绍维护周期和质量担保规定。

④与顾客一起建立《顾客信息卡》。

⑤再次提醒顾客首保时间、保修范围、使用注意事项等。

⑥请顾客务必仔细阅读《安全使用说明》《维护手册》等,有问题随时来电。

⑦说明发生故障的有关手续和联系方法。

(5)交车仪式(交钥匙、拍照等)。

①向顾客介绍服务顾问,由服务顾问介绍交车时间、流程,并递交名片,如图 1-34 所示。

②4S 店有空闲的工作人员都应列席交车仪式,向顾客及其家属赠送鲜花、小礼品等,并鼓掌以示祝贺,营造一个热烈、温馨的交车氛围。

③与顾客合影留念。有条件的还可以鸣放礼炮或播放事先准备的背景音乐,体现热烈的气氛。

④主动询问周围是否有潜在顾客。

⑤陪同试车/提供送车服务(如果顾客有需要)。如果顾客是新上路的驾驶人,不敢独自一人驾车离店,则应陪同试车或帮助客人把新车开回家。

图1-34 递交名片

（6）满意度调查。

在顾客离店前，引导顾客填写《客户现场满意度调查表》，如图1-35所示。

客户现场满意度调查表

尊敬的客户您好！为使我们经销店给客户提供更好的服务，请您对购车中接待您的销售顾问，从服务态度、专业性等方面给予公正、合理的评价。非常感谢您的配合。

1. 依据以下的评分标准，请选择最恰当的分值

非常满意		满意		有些满意		有些不满意		非常不满意	
10	9	8	7	6	5	4	3	2	1

【1】销售员的态度热情友好

【2】销售员主动了解顾客的需求

【3】销售员花费一定时间来提供具体的建议和产品信息

【4】销售员产品讲解让人信服

【5】销售员说明了7500km免费维护及详细的索赔条款

【6】销售员为您详细讲解了新车的操作要点和使用注意事项

2. 您在购买前是否被邀请试乘试驾？　　□是（请回答4题）　　□否

3. 您没有被邀请试乘试驾的原因是：
　　□不提供此项服务　　　　　　　□您要求的车型不可以试乘试驾
　　□其他原因：（请说明）＿＿＿＿＿＿＿＿＿＿＿＿＿＿＿＿＿

4. 根据您的新车交付当天情形，请回答下列问题：

【1】等待时间是否长？　　　　　　□是（请说明）＿＿＿＿＿＿　□否

【2】交付车的质量是否令您满意？　□是　　　□否（请说明）＿＿＿＿

【3】是否提醒有送车服务？　　　　□是　　　□否

图1-35 客户现场满意度调查表

（7）与顾客告别。

送别顾客是交车的最后一个环节，一定要做好，让顾客满意而归。

①确认顾客可接受的售后跟踪联系方式，并说明跟踪目的。

②感谢顾客选择本公司产品，并恭喜顾客拥有了自己的新车。

③提醒就近加油，并指明具体位置；提供出门证。

④根据顾客去向，指导行驶路线。

⑤提醒顾客清点随身携带物品。
⑥送顾客至展厅门外或停车场,目送顾客离开,微笑挥手送别,直到看不见顾客为止。

(8)交车后工作。
①整理仪式现场和洽谈桌,恢复原状。
②整理顾客信息,填写《来店顾客登记表》及其他顾客管理表单,交给客服部。
③顾客离店后,估计顾客到达目的地后致电问候,询问是否已经顺利到家,新车驾驶是否习惯,祝福顾客。

(二)制订工作方案

1. 任务分工(表1-16)

学生任务分配表　　　　　　　表1-16

班级		组号		指导老师	
组长		任务分工			
组员1		任务分工			
组员2		任务分工			
组员3		任务分工			
组员4		任务分工			
组员5		任务分工			
组员6		任务分工			

2. 工量具、仪器设备与耗材准备

(1)使用的仪器设备有:_____。
(2)使用的耗材有:_____。

3. 具体方案描述

_____
_____
_____
_____
_____

三、计划实施

(一)安全注意事项及技能要点

1. 安全注意事项

(1)新车交接时,注意礼貌用语,特别注意带小孩的客户,确保所有人员的安全。

(2)熟练正确地向客户介绍车辆的相关功能,不能似懂非懂。

(3)有关交车费用必须让客户当面确认,避免不必要的麻烦。

2.技能要点

(1)能够按照企业要求,做好交车前的准备工作。

(2)能够按照企业要求,为客户解释交车流程和相关手续办理。

(二)新车交接任务实施

1.新车交接流程(表1-17)

新车交接流程操作方法及说明　　　　　　　　表1-17

步骤	操作方法及说明	质量标准及记录
交车前准备	(1)确认交车时间。	□正确确认交车时间,态度热情有礼,表达完整全面
	(2)确认车辆已完成PDI检查。	□正确进行车辆完成PDI检查确认
	(3)准备好需要签字的各种文件。 　购车合同 　购车发票 　车辆合格证 　PDI检查记录表 　使用说明手册,车辆使用说明书 　车辆销售价格的证明文件 　交车确认单 　三包凭证,后期服务维护的凭据	□正确确认准备好各种文件
	(4)环境和人员准备。	□正确进行交车前环境和人员协调

续上表

步骤	操作方法及说明	质量标准及记录
交车前准备	（5）迎送和庆典准备。	□正确实施迎送和庆典流程，团队协作融洽
	（6）其他准备	□确保态度热情、工作严谨，客户十分满意
介绍交车程序	（1）迎接顾客。	□正确进行顾客迎接
	（2）介绍交车程序并得到认可。	□正确介绍交车程序并得到客户认可
	（3）对各项费用进行清算	□正确计算各项费用，得到客户认可
检查、验收车辆	（1）检查PDI证明并签字。	□正确检查PDI证明并签字

续上表

步骤	操作方法及说明	质量标准及记录
检查、验收车辆	（2）和顾客一起根据新车检查确认表进行检查并确认。 （3）根据《用户使用手册》和顾客一起进行操作讲解	□正确进行新车检查，专业能力得到客户认可 □正确进行《用户使用手册》和顾客一起进行操作讲解
交代随车工具和文件顾客签字	移交随车工具及文件，让顾客签字确认	□正确移交随车工具及文件，确保让顾客签字确认
交车仪式	交汽车钥匙、拍照	□正确实施交汽车钥匙、拍照
满意度调查	引导客户填写《客户现场满意度调查表》	□正确引导客户填写《客户现场满意度调查表》

2. 新车交接流程表(表1-18)

新车交接流程表　　　　　　　　　　　　　表1-18

新车交付工作单			姓名		
车型			VIN 码		
发动机号			行驶里程		
各项流程做如下标记:合格打"√"　异常打"×"					
操作程序	序号	检查项目		结果	备注
交车前准备	1	检查铭牌及前风窗玻璃处的VIN码与合格证的内容、实车是否相符			
	2	随车文件	使用手册		
			质量保证		
			合格证		
	3	交车资料	卡罗拉混合动力电动汽车,随车工具		
			交车执行表,交车检验单		
			名片		
	4	预先告知交车日期及交车过程所需大概时间。前一天再次确认			
	5	交车前一天,按照PDI检验单再次检查车辆			
	6	检查内饰件各部位是否清洁,外观是否完好			
	7	如交车将有延误,立即和客户联系,说明原因,表示歉意,并确认新的交车时间			
	8	预先准备好所有书面文件以提高交车效率			
	9	准备PDI检验单			
	10	确定客服,售后人员是否有时间			
客户迎接和交车说明	11	当客户一到来即予以迎接、递名片			
	12	给客户提供合适的招待(咖啡、饮料等)			
	13	向客户简介交车步骤(所包括的内容以及持续的时间等)			
	14	寻求客户认同,确认有时间参与哪些项目			
	15	如果客户没有时间来完成交车的全过程,进行例行的简略交车程序			
	16	解释使用说明书及其用法			
	17	说明车辆的登记和更新程序			

续上表

操作程序	序号	检查项目		结果	备注
客户迎接和交车说明	18	告知维护周期,最好赠送维护周期表,或者告知查询方式			
	19	明确告知第一次维护的日期或里程			
	20	说明保修手册的内容以及不属保修范围的特殊部件			
	21	说明服务流程、联系人以及如何进行预约服务			
实车讲解	22	对车辆的主要功能进行示范操作	多媒体功能		
			空调使用		
			座椅功能		
			仪表台操控		
			储物能力,充电插口		
			天窗功能		
			车辆特有的亮点功能		
	23	带客户检查整车及所有配备和控制部件			
	24	带客户检查内饰件各部位是否清洁,外观是否完好			
	25	请客户检验车况			
	26	确认客户对车况感到满意			
	27	签署交车检验单、交车执行表			
交车面谈	28	向客户说明专营店的后续跟踪服务程序和专营店自己提供的增值服务			
	29	如客户要求试行驶,是否确认客户完全懂得该车如何操作			
	30	确定客户对后续跟踪服务方式的选择			
欢送客户	31	陪送客户直至路口,并进行合适的交通指导			
	32	将客户档案转交给售后服务部门			
		工作中发现的不合格项及处理结果,可提出疑议			
所属程序	对应程序	问题描述			备注

四、评价反馈(表1-19)

评价表　　　　　　　　　　　　　　　　　表1-19

评分项目	评分标准	分值(分)	得分(分)
学习目标	能明确本任务的知识、技能、素养目标,理解任务在工作中的重要程度	5	

续上表

评分项目	评分标准	分值(分)	得分(分)
工作任务分析	能清晰描述完成本次工作任务内容	2	
	能清晰描述完成本次工作任务需必备的技能与知识点	2	
有效信息获取	能查阅资料,准确填写本次实训车辆的基本信息	4	
	能识读整车交接过程的作业项目、作业内容	5	
	能查阅资料,正确识别随车资料	4	
	能查阅资料,正确识别并填写交车执行表	5	
实施方案制订	能清晰地制订并填写本次实训工作计划	5	
	能组织或协同工作小组成员,明确本次任务所需仪器设备、工具、材料的准备与清点,并准备记录	5	
	能组织或协同工作小组成员交流,优化检查方案并记录	5	
任务实施	能规范地进行预约客户,并记录	5	
	能检查车辆,做好交车准备,并记录	5	
	能规范礼貌迎接客户,并记录	5	
	能规范检查随车资料,并记录	5	
	能规范向客户介绍车辆功能,并记录	5	
	能规范向客户引荐售后服务顾问及客服专员,并记录	5	
	能规范举行交车仪式,并记录	5	
	能规范送别客户,并记录	5	
任务评价	能通过本次任务实施,结合自己在实训过程中的表现,进行自我评价及自我反思并记录	3	
职业素养	按规定时间完成项目作业	2	
	遵守实训室管理规定、劳动纪律	2	
	积极参与课堂活动、回答问题	2	
	能够按时出勤	2	
	独立完成作业前个人和车辆防护、作业后实施"8S"管理	2	
思政要求	爱岗敬业、尊重教师、团结同学、按文明生产规则进行操作,按规矩办事、做好交流沟通、展示良好的工匠精神和职业素养	5	
总计		100	

改进建议:

教师签字:
日期:

学习活动 4　新车检查质量检验与评估

一、明确任务

根据任务描述,需要按照PDI流程对车辆进行质量检验与评估,并执行质量三检管理。

二、工作准备与计划制订

(一)知识准备

1. 新车质量检验目的

新车质量检验的目的主要是在新车投入使用前,按新车出厂技术标准进行质量检验与评估,保证新车的安全性和原厂性能,提高客户满意度,保证新车质量。

2. 三级质检制度

车辆三级质检流程如图1-36所示,按照_____(一级检验)、_____(二级检验)和_____(三级检验)的步骤完成。

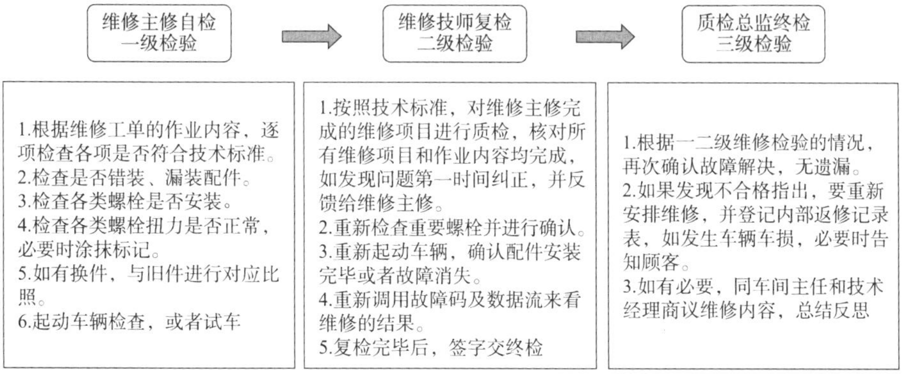

图1-36　三级质检流程

3. 新车检查质量检验与评估

依据PDI检查步骤和内容,新车检查质量检验与评估流程如图1-37所示。

第一步,PDI评估前,先检查随车物品是否齐全,准备质量检验所需的设备、工具、资料等。

第二步,_____检查,环车身依次检查车身漆面、外饰件、密封件、灯具、刮水器和车轮等状况。

```
1.新车检查前准备
2.新车外部检查
3.新车内部检查
4.新车发动机舱检查
5.新车底盘检查
6.新车动态检查
```

图1-37　新车检查质量检验与评估流程

第三步，_____检查，检查前安装车内三件套，依次检查车辆内饰件、中控大屏、仪表、开关和灯光等状况。

第四步，_____检查，检查前安装车外三件套，依次检查蓄电池、线束、各油液液位、传动皮带和油管渗漏等状态。

第五步，_____检查，举升车辆，依次检查底盘各管路、密封件、紧固螺栓和排气管等状况。

第六步，_____检查，依次检查制动器、发动机性能等状况。

(二)制订工作方案

1. 任务分工(表1-20)

学生任务分配表　　　　　　　　　　　表1-20

班级		组号		指导老师	
组长		任务分工			
组员1		任务分工			
组员2		任务分工			
组员3		任务分工			
组员4		任务分工			
组员5		任务分工			
组员6		任务分工			

2. 工量具、仪器设备与耗材准备

(1)使用的工量具有：_____。

(2)使用的仪器设备有：_____。

(3)使用的耗材有：_____。

3. 具体方案描述

三、计划实施

(一)安全注意事项及技能要点

1. 安全注意事项

(1)仔细检查随车文件和工具,当面跟客户确认无质量问题。

(2)质量检验与评估报告必须签字并加盖公司公章。

(3)需要其他人员配合完成功能检查时,必须注意人员和车辆安全。

(4)检查新能源汽车时,要求做好个人防护,注意高压电。

2. 技能要点

(1)能根据新车检查质量检验与评估检查作业单,了解新车检查质量检验与评估内容和作业流程。

(2)能按照新车检查质量检验与评估流程,完成新车质量检验与评估。

(3)能掌握质量检验与评估过程中使用到的工量具和检测设备的使用方法,并了解其操作规范和注意事项。

(二)新车检查质量检验与评估任务实施

新车检查质量检验与评估见表1-21。

PDI检查质量检验与评估 表1-21

车型			VIN 码		
发动机号			行驶里程(km)		
各项检查结果做如下标记:合格打"√" 异常打"×"					
操作程序	序号	检查项目		评估标准	评估结果
随车附件	1	车辆 VIN 码信息查询		检查车辆各处 VIN 码(铭牌信息、前风窗玻璃处、B 柱下方、仪表台左前方)、合格证的内容与实车是否相符。 检查车辆发动机号、铭牌信息与合格证是否相符	
	2	随车文件	车主手册	随车文件是否齐全。 随车文件是否完好无损	
			质量保证书		
			合格证		
	3	随车物品	备胎/补胎液/反光衣	随车工具是否齐全。 随车工具功能是否完好	
			工具包		
			三角警示牌		

续上表

操作程序	序号	检查项目	评估标准	评估结果
车身外部	4	检查全车漆面	检查全车漆面是否存在掉漆/脱漆/颗粒/残胶/流痕/划伤/划痕/锈蚀等问题	
	5	检查车辆外饰件	检查前保险杆/后保险杠/前格栅/后牌照饰板是否安装到位,外观是完好。检查各挡泥板、轮裙板是否安装到位,卡扣是否完整。检查车辆后部标志是否齐全、牢固对齐。检查扰流板是否安装到位,外观是否完好。检查车身各密封件,橡胶件是否安装到位,外观及功能是否完好,间隙是否均匀	
		检查全车玻璃	检查全车玻璃状态,外观是否完好	
	6	检查轮胎及轮辋	检查轮胎外观及轮辋是否完好。检查轮胎气压,轮胎压力标注在驾驶人侧车门锁环处。检查车轮螺栓的紧固情况,M6车轮螺栓的扭紧力矩为120N·m。取下备胎,检查外观是否完好,气压应为标准值250kPa	
	7	检查天窗	检查天窗玻璃是否完好,开启关闭是否顺畅,螺栓是否紧固,是否漏水或积水	
	8	检查各外观件配合间隙	检查外观件的配合间隙是否均匀	
	9	检查刮水器	检查刮水器护套是否取下	
			检查是否更换正常刮水器片	
			刮水器是否能正常工作	
			检查排水槽(孔)是否有泥沙、树叶等杂物并进行清理	
	10	检查加油口盖、充电口盖	检查各口盖外观完好,开启关闭是否正常	
	11	检查行李舱	检查行李舱外观是否正常	
			行李舱开启和关闭是否正常,且无异响	
			检查行李舱内部清洁无脏污	
			检查行李舱内饰完好无破损	
车身内部	12	检查遥控钥匙、机械钥匙	使用遥控钥匙、机械钥匙解锁上锁车门,检查智能钥匙、机械钥匙的各项功能是否正常	

续上表

操作程序	序号	检查项目	评估标准	评估结果
车身内部	13	检查车门	检查车门门内、门外的把手功能是否正常	
			检查车门是否正常打开和关闭,且无卡滞	
			检查车门开启和关闭无异响	
			检查车门安全警告灯工作正常	
			检查后门儿童锁功能正常	
	14	检查车窗、后视镜、天窗	检查车窗玻璃升降功能正常,开启和关闭无异响	
			检查后视镜外观,多方向调整是否顺畅	
			检查天窗功能是否正常,开启关闭无异响	
	15	检查内饰件	检查内饰件各部位是否清洁,外观完好无磨损	
	16	检查座椅	检查座椅外观是否正常	
			检查座椅前后上下移动是否正常无卡滞	
			检查座椅靠背倾斜角度是否正常,无异响	
			检查座椅头枕的安装是否正常	
			检查后排座椅的折叠功能正常	
	17	检查安全带	检查安全带是否扭曲、脏污或损坏	
			检查安全带能否平顺拉伸、收缩	
			检查安全带锁止功能是否正常	
			检查安全带固定点的调整是否顺畅	
	18	检查转向盘	检查转向盘各方向调节功能是否正常	
	19	检查车内、车外照明灯、指示灯、喇叭	检查车内外照明灯、指示灯、喇叭的功能是否正常	
	20	检查洗涤装置	检查刮水器洗涤装置及前照灯清洗功能是否正常	
	21	检查化妆镜、内后视镜	检查化妆镜功能完好。检查内后视镜(行车记录仪)功能正常	
	22	检查电器开关	检查所有电器开关功能是否正常	
	23	检查多媒体系统	检查多媒体系统功能是否正常(包括夜视功能、全景影像、语音服务、导航、触屏、蓝牙、SD、USB、AUX等接口)	

续上表

操作程序	序号	检查项目		评估标准	评估结果
车身内部	24	检查空调系统		检查空调操作按键功能是否正常。检查空调制冷、制热、吹风、风量调节功能是否正常。检查车辆空调各个出风口外观是否完好,吹风是否正常	
	25	检查220V车载充电系统		检查220V车载充电系统功能及仪表上指示是否正常	
发动机舱	26	检查前发动机舱盖机械部件		检查前发动机舱盖开启和关闭是否正常。检查前发动机舱盖锁扣、铰链、撑杆、护板等固定情况是否正常	
	27	检查发动机型号		检查发动机型号与合格证内容是否相符	
	28	检查四液	冷却液	冷态时,检查副水箱防冻液液位,是否在"FULL"和"LOW"之间。如果防冻液液位低于"LOW",须及时添加相同型号的防冻液	
			助力转向液	检查转向液液位,是否在"UPPER LEVER"和"LOWER LEVER"之间。如果低于"LOWER LEVER",须检查系统的密封性,并补加转向液	
			玻璃清洗液	检查洗涤液位是否在"LOW"和"NORMAL"之间。如低于"LOW",需要补加相同型号的洗涤液	
			制动液	检查制动液液位,是否在"MIN"和"MAX"之间。如果低于"MIN",需检查系统密封性,并及时添加相同型号的制动液	
	29	检查发动机舱内部件		检查发动机舱中的部件是否存在渗漏及损伤等情况	
	30			检查发动机舱盖螺栓、卡箍等是否有严重锈蚀等情况	
	31	检查空调管路		检查空调高低压管路、压力开关、充注阀部位的泄漏及干涉是否正常	
	32	检查发动机舱线束		检查发动机舱线束的连接及固定是否正常	
	33	检查蓄电池		检查蓄电池安装是否到位	
				检查蓄电池负极是否连接	
				测量蓄电池静态电压(如低于12.5V,则需更换或充电)	

新车交接检查（PDI） | 学习任务一

续上表

操作程序	序号	检查项目		评估标准	评估结果
车身底部	*34	检查发动机舱泄漏		检查发动机、驱动电机、变速器、动力转向器、制动器、冷却及加热水管、油管等是否泄漏或损伤	
	*35	检查传动轴		检查传动轴油封、传动轴球笼及防尘罩是否泄漏或损伤	
	*36	新车蓄电池包		检查蓄电池包外观是否有磕碰、损伤	
	*37	检查排气管		检查排气管（包括消声器、三元催化等）有无漏气或损伤	
	38	检查底盘螺母		检查底盘螺母、螺栓是否缺失或明显松动	
路试	*39	检查制动、离合、加速踏板功能	离合	检查制动和加速踏板踩下及回弹是否正常。驻车操纵机构：拉动驻车手柄，发出6~9声"咔咔声"，连续拉放，驻车制动无卡滞	
			加速踏板		
			制动		
	*40	检查行驶性能	起步性能	检查车辆行驶是否平稳，无异常情况。检查减振效果是否良好，无异常情况。检查换挡是否顺畅，无异常情况。检查转向盘是否平稳，无异常情况	
			电机性能		
			加速性能		
			蓄电池性能		
	*41	检查起动蓄电池和起动机的工作及各警告灯显示情况			
	*42	检查制动器及驻车制动，包括制动效果、制动时是否跑偏			
	*43	转向盘组合仪表设置、自动巡航开关控制情况			
诊断仪检查	*44	使用诊断仪对整车进行扫描、更新，记录相关故障码后并清除			
	*45	用诊断仪读取电源管理器相关信息： 蓄电池总电压：_____ 单节蓄电池电压（≥3.3V）：_____ 最高电压：_____ 最低电压：_____ 标称容量SOC（荷电状态）介于30%~50%，每三个月一次满充满放；库存超过6个月，需进行整车满充电，并将电量放至SOC 40%~60%进行存储			
	*46	使用诊断仪中的BMS（蓄电池管理系统）中心软件对车辆的动力蓄电池进行极差判断			

注意事项如下：
1. 因混合动力电动及纯电动汽车涉及高压，故在进行车辆检查时，需按要求穿戴绝缘安全装备，使用新能源工具，检查时不要插拔任何高压线束（橙色线束），如需维修，具体操作步骤见维修手册。
2. 在静态检测无问题时，请进行动态检测。

续上表

操作程序	序号	检查项目	评估标准	评估结果
		3. 检查表中标"＊"为交车必检项,入库时可根据实际情况进行检查。 4. 路试时对制动效果、仪表显示进行检测,并检查是否有异响。 5. 路试后,再次读取各系统版本和故障码,若正常,进行充电,充电完成后交车。 6. 新车交付消费者时,主要系统及零部件(包括但不限于发动机、变速器、制动系统、转向系统、悬架系统、车身等)如有更换或修复,服务店必须尽到主动告知消费者的义务。 　PDI 检查时对以上项目的正确安装、调试及操作已做过检查。 　　　　　　　　　　　　　　　　　　　　　　　特此证明 　　　　　　　　　　　　　　　　　　　　　　　（盖章） 　　　　　　　　　　　　　　　　　　　检查员签字：　　　　　日期：		

注：本 PDI 检查单所列项目请结合实际车型进行检查。

（三）质量检查信息反馈（表1-22）

质量检查信息反馈表　　　　　　　　　　表1-22

序号	故障类型	PDI检查故障现象(具体故障点描述)	检查结论	处理措施	更换零部件名称
1					
2					
3					
4					
5					

四、评价反馈（表1-23）

评价表　　　　　　　　　　表1-23

评分项目	评分标准	分值(分)	得分(分)
学习目标	能明确本任务的知识、技能、素养目标,理解任务在工作中的重要程度	5	
工作任务分析	能清晰描述完成本次工作任务内容	2	
	能清晰描述完成本次工作任务需必备的技能与知识点	2	
有效信息获取	能查阅资料,识别车辆维修质检流程	5	
	能查阅资料,熟知车辆PDI检查主要程序	5	
	能查阅资料,明确PDI检查项目和标准	5	
	能查阅资料,识读组合仪表上各指示灯显示车辆的重要信息	4	

续上表

评分项目	评分标准	分值(分)	得分(分)
实施方案制订	能清晰地制订并填写本次实训工作计划	5	
	能组织或协同工作小组成员,明确本次任务所需仪器设备、工具、材料的准备与清点,并准备记录	5	
	能组织或协同工作小组成员交流,优化检查方案并记录	5	
任务实施	能规范地进行作业前现场环境检查,并记录	5	
	能检查并规范穿戴个人防护用具,并记录	5	
	能规范不漏项检查车辆内部,并记录	5	
	能规范不漏项检查车辆外部,并记录	5	
	能规范不漏项检查发动机舱,并记录	5	
	能规范不漏项检查汽车底盘,并记录	5	
	能规范不漏项检查汽车驾驶状况,并记录	5	
	能规范记录质量反馈信息	4	
任务评价	能通过本次任务实施,结合自己在实训过程中的表现,进行自我评价及自我反思并记录	3	
职业素养	按规定时间完成项目作业	2	
	遵守实训室管理规定、劳动纪律	2	
	积极参与课堂活动、回答问题	2	
	能够按时出勤	2	
	独立完成作业前个人和车辆防护、作业后实施"8S"管理	2	
思政要求	爱岗敬业、尊重教师、团结同学、按文明生产规则进行操作,按规矩办事、做好交流沟通、展示良好的工匠精神和职业素养	5	
总计		100	

改进建议:

教师签字:
日期:

任务习题

1. 单选题

(1) 下列选项中不属于汽车 4S 店中 4S 的是( )。
　　A. 整车销售　　　　　　　　　　B. 汽车索赔
　　C. 信息反馈　　　　　　　　　　D. 配件供应

(2) 检查发动机机油油位时,先拔出机油尺,用( )擦拭干净。
　　A. 干净抹布　　B. 湿布抹布　　C. 海绵　　D. 报纸

(3) 轮胎的花纹深度应该大于( )。
　　A. 2mm　　　　B. 3mm　　　　C. 2.5mm　　D. 1.6mm

(4) 免维护蓄电池的电量指示灯为( )时,需要更换蓄电池。
　　A. 白色　　　　B. 红色　　　　C. 绿色　　　D. 黄色

(5) 若蓄电池内电解液不符合规格,需要加注的是( )。
　　A. 清水　　　　　　　　　　　　B. 苏打水溶液
　　C. 纯水　　　　　　　　　　　　D. 蒸馏水

(6) 紧固前减振器上支撑螺母,优先选用( )扳手,梅花扳手次之。
　　A. 套筒　　　　　　　　　　　　B. 预置式扭力
　　C. 气动　　　　　　　　　　　　D. 开口

(7) 车辆常规检查,可依据( )来确定检查时间。
　　A. 行驶距离　　　　　　　　　　B. 行驶时间
　　C. 行驶状态　　　　　　　　　　D. 以上都可以

(8) 自动变速器具有锁止功能的是( )。
　　A. P 挡　　　　B. D 挡　　　　C. N 挡　　　D. D 挡

(9) 汽车驻车制动器通常是制动( )。
　　A. 前轮　　　　B. 传动轴　　　C. 后轮　　　D. 前后轮

(10) 现代轿车普遍采用( )。
　　A. 子午线轮胎　　　　　　　　　B. 普通斜交轮胎
　　C. 越野花纹轮胎　　　　　　　　D. 载货汽车轮胎

2. 判断题

(1) 在交车这一环节中,PDI 检查是一项可有可无的服务。　　　　　　( )
(2) 试乘试驾前,销售人员必须检查顾客的驾驶执照是否准确、有效,申请人的驾照需满两年。　　　　　　　　　　　　　　　　　　　　　　　　　( )
(3) 车辆购置税的前身是汽车购置附加费,计税税率是 5%。　　　　　( )
(4) 定金、订金和预付款所定义的惩罚方是不同的。　　　　　　　　　( )
(5) 在购车合同中,车辆信息中不必填写车架号。　　　　　　　　　　( )
(6) 一辆汽车还处于三包之内,进行修车时,超 5 天车主有权开备用车。 ( )

(7)需在发动机热车工作状态下检查冷却液的泄漏。　　　　　(　)
(8)客户电话预约时只需登记客户姓名、电话、车型就可以了。　(　)
(9)汽车维修质量纠纷发生的时间为质量保证期或合同约定期内。(　)
(10)在车辆常规检查前,需要阅读维护手册或用户手册。　　　(　)

3. 实操练习题

(1)独立完成燃油汽车新车检查(PDI)。

(2)独立完成新能源汽车新车检查(PDI)。

学习任务二
汽车首次维护

学习目标

1. 知识目标

(1) 能描述汽车首次维护的意义和必要性。

(2) 能说出汽车首次维护车辆外观检查作业内容及规范。

(3) 能说出汽车首次维护发动机检查作业内容及规范。

(4) 能说出汽车首次维护底盘检查作业内容及规范。

(5) 能说出汽车首次维护电气设备检查作业内容及规范。

(6) 能说出汽车首次维护质量检验与评估作业内容及规范。

2. 技能目标

(1) 能进行工作任务确认,生成任务委托书。

(2) 能结合车辆实际性能分析,编制汽车首次维护任务实施方案并做好作业前准备。

(3) 能根据首次维护检查单,列举首次维护检查的作业项目,掌握首次维护检查的作业内容与流程。

(4) 能按照制定的首次维护检查作业流程进行维护检查作业。

(5) 能根据整车检查单,列举首次维护质量检验与评估的作业项目,掌握首次维护质量检验与评估的内容与作业流程。

(6) 能按照制定的首次维护质量检验与评估作业流程进行首次维护质量检验与评估作业。

(7) 能掌握检查用工量具的使用方法和步骤,了解工量具使用安全事项。

3. 素养目标

(1) 通过在任务实施中严格遵守职业规范,培养学生认真的工作态度和严谨细致的工作作风,增强学生的工匠意识。

(2) 培养自主学习能力,提高团队合作意识和创新精神。

(3) 养成良好的安全意识、责任意识、8S 管理意识,注重节约、节能和环保。

(4) 通过职业技能的学习,培养学生职业荣誉感和责任感,崇尚劳动,形成敢创新、敢挑战、爱岗敬业的职业精神。

汽车首次维护 | **学习任务二**

参考学时

48 学时。

任务描述

客户汽车达到厂家规定的首次维护要求,到维修厂进行首次维护。经前台接车确认后,开具首次维护工单,需按维护工单内容完成汽车首次维护。

学习活动 1　汽车车辆外观检查

一、明确任务

根据任务描述,客户汽车到达厂家进行首次维护,需要对汽车车辆外观进行检查与修复,使其恢复正常使用性能。

二、工作准备与计划制订

(一) 知识准备

1. 车身漆面

车身漆面能防止金属部件生锈、防止阳光直射、加强车身强度、美化车辆外观等,主要由_____、_____、_____、_____组成,如图 2-1 所示。

不同漆面有着不同的作用:底漆防止金属板生锈;中间涂层使底漆光滑;面涂层用来美化车身外观。

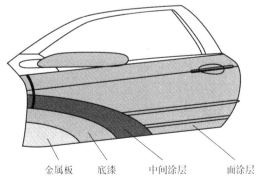

图 2-1　车身漆面涂层

55

2. 汽车玻璃

汽车玻璃除了具有透明的特性外,还有在碰到物体时不易碎的特性,能够有效地保护乘员的安全。汽车玻璃的类型较多,如图2-2所示。

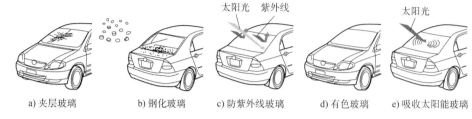

图2-2 汽车玻璃类型

夹层玻璃将一种透明的具有防紫外线的薄膜夹在两层普通玻璃中间,并压在一起,能有效地防止物体穿透玻璃,现在这种玻璃一般用作前风窗玻璃。

钢化玻璃的强度是普通玻璃的四倍,在遭到强烈碰撞时会碎成微小的颗粒,最大限度地减少对人体的伤害,一般用在侧窗玻璃上。

防紫外线玻璃可以减少大约90%～95%的紫外线。

有色玻璃一般是绿色或青铜色,有遮光带的玻璃用作前风窗玻璃。

吸收太阳能玻璃可以减少由阳光直射而导致的车内温度升高。

3. 汽车外部灯具认知

汽车外部灯具可分为照明灯具和信号灯具。

照明灯具包括:_____、_____、_____和_____。

信号灯具包括:_____、_____、_____和_____。

1)照明灯具

(1)前照灯。前照灯向前发射光以确保驾驶人在夜间行驶时的视野,它们可以发射_____(向上方瞄准)和_____(向下方瞄准),也能提醒其他车辆和行人注意。在某些车辆中也装有前照灯清洁器。

(2)雾灯。雾灯分别安装于汽车的前部和后部,用于在雨雾天气行车时照明道路、提醒前后车保持车距。雾灯的可视能见度达到_____左右。

(3)倒车灯。倒车灯装在汽车尾部,是用于照亮车后路面,并警告车后的车辆和行人,表示正在倒车。倒车灯的颜色通常是白色的,在驾驶人挂上倒挡时自动开启。

(4)牌照灯。牌照灯是用于照亮车辆牌照,使得车辆在夜间行驶时,其牌照清晰可见。牌照灯安装在汽车尾部牌照的上方或左右两侧,灯光光色为白色。

2)信号灯具

(1)转向灯。转向灯是在车辆转向时开启以提示前后左右车辆及行人注意的重要指示灯。它安装在汽车的左前、左侧、左后、右前、右侧、右后六个位置。

(2)危险报警闪光灯。危险报警闪光灯俗称_____,其作用是提示其他车辆与行人,本车发生了特殊情况,需要与本车保持距离,是在紧急情况下能发出闪光报警信号的灯具。通常由转向灯兼任,这种情况下,前后左右及侧面转向灯同时点亮。它受危险报警开关和闪光器的控制。

(3)示廓灯。示廓灯是指安装在车前以及车后高处的灯具,主要用于在黄昏、阴天、雨雾天气等时段行车时表明汽车的_____和_____,示廓灯的颜色为前白后红。

(4)制动灯。制动灯用于提醒后方车辆和行人,表明本车正在减速或停车,是一种非常重要的行车设备。制动灯一般由安装在车辆后部两侧制动灯和行李舱上部高位制动灯组成。

(二)制订工作方案

1. 任务分工(表2-1)

学生任务分配表   表2-1

班级		组号		指导老师	
组长		任务分工			
组员1		任务分工			
组员2		任务分工			
组员3		任务分工			
组员4		任务分工			
组员5		任务分工			
组员6		任务分工			

2. 工量具、仪器设备与耗材准备

(1)使用的工量具有:_____。
(2)使用的仪器设备有:_____。
(3)使用的耗材有:_____。

3. 具体方案描述

_____
_____
_____
_____

三、计划实施

(一)安全注意事项及技能要点

1. 安全注意事项

(1)正确检查车辆,需要注意车辆和个人的安全防护。

(2)检查前要安放好车轮挡块,不要随意进入车内起动车辆。

(3)不要随意按动举升机的操纵开关。

(4)遵守学习纪律、遵守学习场所管理规定,服从学习安排。

2. 技能要点

(1)熟练进行汽车车辆外观检查,完整填写检查单。

(2)掌握车辆外观检查的作业内容,并进行归纳记录。

(二)汽车车辆外观检查任务实施

1. 车身检查(表2-2)

灯光及仪表系统检查

刮水器及洗涤系统检查

车身检查操作方法及说明　　　　　　　　表2-2

步骤	操作方法及说明	质量标准及记录
车身周正检查	从车辆前部和后部目视检查车身外观,应整洁、周正,前后、左右均无明显高于其他方位的情况,应均衡	□正确检查车身外观整洁、周正,前后、左右均无明显高于其他方位的情况
车身漆面检查	(1)环绕汽车一周,仔细查看车身漆面颜色、全车颜色是否一致。 (2)观察漆面表面是否有明显的划痕、凹陷、开裂、掉漆、擦伤、起泡或锈蚀等损伤。 划痕　凹陷 开裂　掉漆	□正确进行表面油漆涂层质量检查 □正确观察漆面的各类损伤

续上表

步骤	操作方法及说明	质量标准及记录
车身漆面检查	擦伤　　起泡 (3)用手指轻轻摸一下漆面,感受是否有凹凸不平的感觉,检查有无修补痕迹。 (4)用白色布擦拭车身,观察是否有污渍残留	□正确方法检查漆面 □正确检查车身污渍残留
车身配合间隙检查	(1)确认发动机舱盖、行李舱、翼子板、前、后保险杠的配合间隙均匀、左右对称、平整度一致。 (2)检查四个车门与车身的配合间隙均匀、平整一致	□正确检查发动机舱盖、行李舱、翼子板、前、后保险杠之间的间隙,无偏差 □正确检查四个车门与车身的配合间隙,无偏差
车身饰条检查	(1)顶部饰条:检查确认顶部饰条粘贴牢固,无翘起、破损等情况。	□正确检查顶部饰条之间有无断裂、变形等现象

续上表

步骤	操作方法及说明	质量标准及记录
车身饰条检查	(2)上侧梁饰条:检查确认上侧梁饰条安装牢固,与上侧梁配合平整,镀铬表面无脱落、划伤、凹凸点、锈蚀、起泡等情况。	□正确检查上侧饰条安装牢固,与上梁配合平整,镀铬表面无脱落、划伤、凹凸点、锈蚀、起泡等情况
	(3)门槛饰条:检查确认左右两侧门槛饰条安装牢固,与门槛配合平整,镀铬表面无脱落、划伤、凹凸点、锈蚀、起泡等情况。	□正确检查门槛饰条的颜色、光泽度
	(4)车门、翼子板光亮饰条:确认光亮饰条安装牢固,镀铬表面无脱落、划伤、凹凸点、锈蚀、起泡等情况,翼子板、车门光亮饰条过渡一致。	□正确检查车门、翼子板光亮饰条的安装是否牢固,有松动等现象,以及饰条的过渡是否一致
	(5)前格栅、后牌照饰板:检查确认饰条安装牢固,无翘曲;确认饰板镀铬表面无脱落、划伤、凹凸点、锈蚀、起泡等情况。	□正确检查前格栅、后牌照饰板安装牢固,无翘曲,表面无脱落、划伤、凹凸点、锈蚀、起泡等情况
	(6)车门窗台外侧密封条:表面无划伤,安装牢固,与车窗玻璃的配合无间隙,尾部位置与左前门外柱饰条平齐。	□正确检查车门窗台外侧密封条,安装牢固,无翘曲

续上表

步骤	操作方法及说明	质量标准及记录
车身饰条检查	(7)前后标牌、标识及Logo确认:前后车身上的标牌等粘贴牢固,清晰且安装正确。 (8)前后门外柱饰条:表面无划伤,与左后门外柱饰条平整度一致,上下间隙均匀	□确保前后标牌、标识及Logo粘贴牢固 □正确检查前后门外柱饰条表面无划伤,平整度一致,上下间隙均匀
车身玻璃检查	前后风窗玻璃:(1)检查确认玻璃表面无开裂、爆眼、划伤,且玻璃应平整。 (2)透过玻璃看物体时,无变形的感觉。 (3)检查确认前/后风窗玻璃光亮,密封条配合牢固,无开裂、变形、翘起等现象 车窗玻璃:(1)检查四门车窗、天窗和三角窗玻璃。 (2)玻璃表面无开裂、爆眼、划伤	□正确检查玻璃的透明度、光洁度、表面有无划痕、气泡、裂纹等缺陷 □正确检查玻璃的安装情况 □正确检查玻璃与框架之间的间隙 □正确检查玻璃的安装情况 □正确检查玻璃的透明度、光洁度、表面有无划痕、气泡、裂纹等缺陷

2. 外部灯光外观检查(表2-3)

外部灯光外观检查操作方法及说明　　　　　　　　　表2-3

步骤	操作方法及说明	质量标准及记录
外部灯光外观检查	(1)检查前照灯、雾灯、组合灯、侧面转向灯、后尾灯等与前后保险杠之间的配合间隙均匀、对称。 (2)确认灯具表面干净,无划痕、裂缝、破损。 (3)确认各灯具无进水、水汽的迹象	□正确检查灯罩、灯壳、灯泡等部件无变形、无划伤、磨损、掉漆、污物等缺陷 □正确检查灯具安装情况 □正确检查灯具与车辆之间的间隙及密封性

3. 刮水器及洗涤器外观检查(表2-4)

刮水器及洗涤器外观检查操作方法及说明　　　　　　表2-4

步骤	操作方法及说明	质量标准及记录
刮水器及洗涤器外观检查	(1)检查刮水器刮臂没有损坏或变形。 (2)检查刮水器片表面平整、无损坏、变形,安装牢固,无松动现象	□正确检查刮水器刮臂外观无损坏、变形等缺陷 □正确检查刮水器片的表面是否平整、有损坏或变形,安装牢固,无松动现象

四、评价反馈(表2-5)

评价表　　　　　　　　　　　　　　　　　　　　　　表2-5

评分项目	评分标准	分值(分)	得分(分)
学习目标	能明确本任务的知识、技能、素养目标,理解本任务在工作中的重要程度	5	
工作任务分析	能够清晰地描述完成本次工作任务的内容	2	
	能清晰描述完成本次工作任务需必备的技能与知识点	2	
有效信息获取	能查阅资料,准确填写本次实训车辆的基本信息	5	
	能识读整车检查维护单,准确填写整车外部检查的作业项目、作业内容	5	
	能够查阅资料,正确识别并填写车辆各灯光名称	5	
	能查阅资料,正确识别并填写汽车漆面受损类型	5	
实施方案制订	能清晰地制订并填写本次实训工作计划	5	
	能组织或协同工作小组成员,明确本次任务所需仪器设备、工具、材料的准备与清点,并准备记录	5	
	能组织或协同工作小组成员交流,优化检查方案并记录	5	
任务实施	能规范地进行作业前现场环境检查,并记录	4	
	能检查并规范穿戴个人防护用具,并记录	4	
	能规范检查车身漆面,并记录	5	
	能规范检查车身各项配合间隙,并记录	5	
	能够规范不漏项检查刮水器、洗涤器,并记录	5	
	能够规范不漏项检查照明灯具的外观,并记录	5	
	能够规范不漏项检查车身饰条、密封条、装饰条板,并记录	5	
	能规范不漏项检查外部灯光功能情况,并记录	5	
任务评价	通过本次任务实施,结合自己在实训过程中的表现,进行自我评价及自我反思并记录	3	
职业素养	按规定时间完成项目作业	2	
	遵守实训室管理规定、劳动纪律	2	
	积极参与课堂活动、回答问题	2	
	能够按时出勤	2	
	独立完成作业前个人和车辆防护、作业后实施"8S"管理	2	

续上表

评分项目	评分标准	分值(分)	得分(分)
思政要求	爱岗敬业、尊重教师、团结同学、按文明生产规则进行操作,按规矩办事、做好交流沟通、展示良好的工匠精神和职业素养	5	
总计		100	

改进建议:

教师签字:
日期:

学习活动2 汽车发动机检查

一、明确任务

根据任务描述,客户汽车到达厂家进行首次维护,需要对汽车发动机进行检查与维护,使其恢复正常使用性能。

二、工作准备与计划制订

(一)知识准备

1. 机油和工作液

1)发动机机油

功用:保证发动机各个_____之间的润滑和散热。

液面标准:检查机油高度时需要拔出_____检查,机油的液面应在_____与_____之间,如图2-3所示。

质量检查:用手指捻动机油,检查油滴中是否含有机械杂质,机油是否过稀等。

2)发动机冷却液

功用:使发动机的温度始终保持在它所需要的工作温度范围内。

液面标准：加注量应该在刻度线_____与_____之间，如图 2-4 所示。

质量检查：发动机冷却液一般为蓝色、粉色或绿色。检查时打开冷却液储液壶的盖子后，检查冷却液表面是否有油星或悬浮物，还应使用冰点测试仪检查其冰点温度是否符合要求。

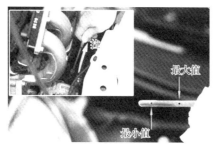 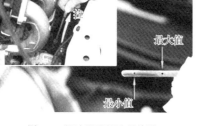

图 2-3　机油尺及机油量检测　　　　图 2-4　冷却液加注标准

3）制动液

功用：将制动踏板作用在制动主缸上的压力，通过液力传递给各个_____并作用在_____上。

液面标准：其加注量应该在刻度线_____与_____之间，如图 2-5 所示。

质量检查：打开制动液储液壶盖，制动液应为清澈透明液体，观察储液壶内制动液中是否含有杂质或悬浮物。

4）动力转向助力液

功用：动力转向助力液是在_____的加压下产生液压动力，作用在转向助力泵上，帮助驾驶人施加转向动力。

液面标准：其加注量应该在刻度线_____与_____之间，如图 2-6 所示。

质量检查：动力转向助力液应清澈、透明无杂质，且无漂浮物。

图 2-5　制动液加注标准　　　　图 2-6　转向助力液加注标准

5）风窗玻璃清洗液

功用：清洗车辆风窗玻璃。

液面标准：玻璃清洗液应定时检查液面，添加时应添加原厂供应的清洗液。

质量检查:玻璃清洗液一般为蓝色,选择清洗液时,应使用冰点测试仪对它的冰点进行检查。

2. 发动机皮带

1)发动机皮带的作用

发动机皮带的主要作用是利用发动机的动力带动汽车其他系统附件工作,如：_____、_____、_____等。

2)发动机皮带的检查与调整

检查发动机皮带主要是检查皮带有无损伤、剥落,因为皮带在断裂之前,将会出现滑磨声,皮带表面会出现龟裂的裂纹、磨损以及剥落等前兆现象,如图2-7所示。检查发动机皮带的张紧度,用拇指按压皮带中间部位,挠度应为_____。如果不符合要求,应进行调整。检查发动机正时皮带或多楔带的张紧度,用手扭转发动机正时皮带刚好可转_____为适中,如图2-8所示。

图2-7 发动机皮带张紧度检查

图2-8 发动机正时皮带张紧度检查

皮带张紧度的调整方法一:采用发动机皮带张紧器的轿车,皮带的张紧度可自动调整,此种张紧器装置(图2-9)在维护时只需检查皮带有无裂纹、磨损以及剥落等现象。

皮带张紧度的调整方法二:松开张紧器紧固螺栓后,用专用工具或弯嘴卡簧钳卡住张紧轮偏心轴上的两个小孔并逆时针方向转动,调整到合适时,拧紧张紧轮锁紧螺栓,然后松开专用工具或卡簧钳即可,如图2-10所示。

图2-9 自动张紧装置

图2-10 发电机皮带调整

3. 空气滤清器：参见学习任务三学习活动 4

4. 机油

1）机油的作用

机油具有润滑、清洗、冷却、密封、防锈等作用，能够保证发动机的正常运转。

2）机油定期更换的原因

机油使用一段时间后，机油中的杂质逐渐增多并且机油会发生变质，机油的润滑性能也会逐渐降低；同时，机油滤清器经过一段时间的使用后，其滤芯上汇集了许多油泥和金属碎屑，造成机油滤清器堵塞，影响润滑系统的正常工作。

3）机油的分类

发动机机油的牌号按照机油使用性能的不同和黏度等级的不同来划分，是参照美国石油协会和国际自动机工程师学会相应的分类标准来制定的。

目前我国机油的黏度等级已采用在国际上广泛使用的 SAE 黏度分类法分类。按照 SAE 黏度分类法，我国汽油机机油和柴油机机油的黏度等级分为 0W、5W、10W、15W、20W 及 25W 六个含 W 的级号和 20、30、40、50 及 60 五个不含 W 的级号。带有 W 字样牌号的机油是指冬用机油；无 W 字样的牌号的机油是指夏季用机油；标有 15W/40 字样牌号的机油是指冬夏通用机油，国外称为复合油，国内则称为多级机油。机油的标号越大，其黏度指标就越高，如图 2-11 所示。

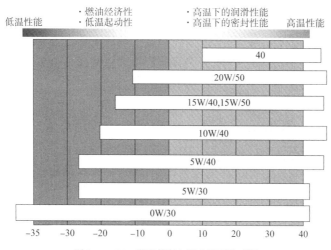

图 2-11 SAE 黏度等级与适应温度的对照

机油牌号除了按照黏度等级进行分类外，还可以按照质量等级进行分类，即机油的 API 使用性能分类法。目前，国际上大多数国家均采用美国的 API 质量分级法，我国也不例外。按照 API 质量分级法，我国汽油机机油分为 SC、SD、SE、SF、SG、SH 及 SL 七个质量等级。质量等级越高，油品的品质越好。

4）机油的更换周期及选用

发动机机油应严格按照生产厂商规定的行驶里程或时间周期进行更换，并选择生产厂商备件用油或与备件用油标号等级相同的机油。

5. 机油滤清器

1) 机油滤清器的作用

机油滤清器的作用是滤除机油中的_____、_____和_____。如果这些杂质随机油进入润滑系统,将加剧发动机零件的磨损,还可能堵塞油管或油道。

2) 旁通阀的作用

当滤清器发生阻塞时,旁通阀(图 2-12)就会打开,机油不经滤清器直接进入_____,以保证对发动机内部各部件的润滑。

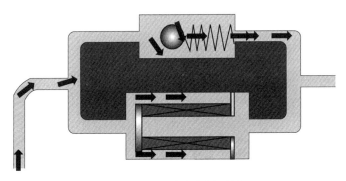

图 2-12 机油滤清器及旁通阀

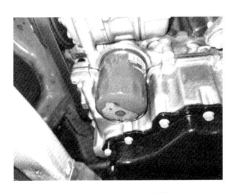

图 2-13 机油滤清器

3) 机油滤清器的检查

如图 2-13 所示,机油滤清器的检查内容包括:检查机油滤清器是否有破损,机油滤清器是否漏油,机油滤清器是否有金属磨屑、机械杂质和机油氧化物等。

4) 机油及机油滤清器的更换方法

(1) 打开机油加注口盖。

(2) 举升车辆至合适位置,使用扳手拧松放油螺塞,将机油放入机油回收装置。

(3) 使用机滤扳手拧下机油滤清器。

(4) 安装新的机油滤清器,拧上放油螺塞并紧固。

(5) 降下车辆,加注发动机机油并使用机油尺检查机油液位。

6. 点火系统

1) 点火系统的作用

点火系的作用就是在发动机各种工况和使用条件下,适时、可靠地产生足够强的电火花,以点燃汽缸内的_____。

2) 点火系统的组成

点火系主要由电源、点火开关、_____、_____、_____和导线等组成,如图 2-14所示。

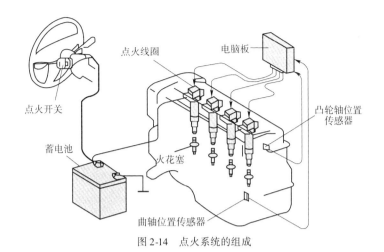

图 2-14 点火系统的组成

(二)制订工作方案

1. 任务分工(表 2-6)

学生任务分配表　　　　　表 2-6

班级		组号		指导老师	
组长		任务分工			
组员 1		任务分工			
组员 2		任务分工			
组员 3		任务分工			
组员 4		任务分工			
组员 5		任务分工			
组员 6		任务分工			

2. 工量具、仪器设备与耗材准备

(1)使用的工量具有：_____。

(2)使用的仪器设备有：_____。

(3)使用的耗材有：_____
_____。

3. 具体方案描述

_____
_____
_____
_____

三、计划实施

(一)安全注意事项及技能要点

1. 安全注意事项

(1)检查发动机时,注意发动机及相关管路温度,避免烫伤。

(2)检查传动皮带时,最好断开蓄电池负极,避免传动皮带转动造成人员受伤。

(3)为避免烫伤拒绝戴手套排放机油。防止机油飞溅,机油落地后及时擦掉,避免滑到。

2. 技能要点

(1)能根据发动机检查单列举发动机检查的作业项目,了解发动机检查的作业内容与作业流程。

(2)能按照制定的发动机检查作业流程进行发动机检查作业。

(3)能掌握发动机检查用工量具的使用方法和步骤,了解工量具使用安全事项。

(二)汽车发动机检查任务实施

1. 检查机油和工作液位(表2-7)

检查机油和工作液位操作方法及说明　　　　表2-7

步骤	操作方法及说明	质量标准及记录
检查机油和工作液位	(1)检查发动机机油液位,如图2-3所示。 (2)检查冷却液液位,如图2-4所示。 (3)检查制动液液位,如图2-5所示。 (4)检查动力转向助力液位,如图2-6所示。 (5)检查风窗玻璃洗涤液液位:打开玻璃储液罐盖,抽出玻璃水测量尺,查看玻璃水的余量,并添加玻璃水到测量尺的最高位置	□正确检查发动机机油液位 □正确检查冷却液液位 □正确检查制动液液位 □正确检查动力转向液液位 □正确检查风窗玻璃洗涤液罐液位

2.检查各管路、各线束及各部件总成外观(表2-8)

检查各管路、各线束及各部件总成外观操作方法及说明　　　　表2-8

步骤	操作方法及说明	质量标准及记录
检查各管路、各线束及各部件总成外观	(1)检查发动机舱内管路。 (2)检查发动机舱各部件总成外观	□正确检查发动机舱内各管路是否有漏水、漏油、漏气 □正确检查发动机舱内各部件总成是否有漏水、漏油、漏气

3.检查点火系外观(表2-9)

检查点火系外观操作方法及说明　　　　表2-9

步骤	操作方法及说明	质量标准及记录
检查点火系外观	目测检查点火系高压线及各元器件外观是否有老化、损坏等不正常现象	□正确检查点火系高压线及各元器件外观

4.检查发动机传动皮带的张紧度(表2-10)

检查发动机传动皮带的张紧度操作方法及说明　　　　表2-10

步骤	操作方法及说明	质量标准及记录
检查发动机传动皮带的张紧度	(1)检查传动皮带及带轮外观。	□正确检查传动皮带带轮是否有损坏或变形 □正确检查传动皮带是否有裂纹、层离及过量磨损,是否有油污 □正确检查传动皮带及带轮在发动机运转时是否有异响

续上表

步骤	操作方法及说明	质量标准及记录
检查发动机传动皮带的张紧度	(2)检查传动皮带的挠度	□正确检查传动皮带的挠度 挠度测量值：_____ 标准值：_____

5. 清洁并检查空气滤清器(表2-11)

清洁并检查空气滤清器操作方法及说明 表2-11

步骤	操作方法及说明	质量标准及记录
清洁并检查空气滤清器	(1)拆下空气滤清器壳体,检查是否有损坏、过脏或裂纹。 (2)检查空气滤清器滤芯：是否损坏、过脏或堵塞。	□正确检查空气滤清器壳体 □正确检查空气滤清器滤芯 □正确判断空气滤清器滤芯是否需要更换
	(3)清洁空气滤清器滤芯：用压缩空气清洁空气滤清器滤芯,注意吹的方向应与进气方向相反	□正确清洁空气滤清器滤芯

6. 更换发动机机油和机油滤清器(表2-12)

更换发动机机油和机油滤清器操作方法及说明 表2-12

步骤	操作方法及说明	质量标准及记录
更换发动机机油和机油滤清器	(1)开启机油加注口盖。	□正确检查机油加注口盖是否有裂纹、过脏或损坏

续上表

步骤	操作方法及说明	质量标准及记录
更换发动机机油和机油滤清器	(2)举升车辆到高位。 (3)检查油底壳及机油滤清器。 (4)排放机油:安放机油接收器,拆卸机油排放塞及垫片,排放机油。 (5)更换机油滤清器:更换新的机油滤清器时,注意安装前在新的机油滤清器密封圈上涂抹一层机油。 (6)安装排放塞及垫片,拧紧至规定力矩。	□正确检查车辆举升是否符合要求,举升到位是否安全落锁 □正确检查油底壳及机油滤清器处是否漏油 □正确检查油底壳及机油滤清器是否有裂纹、变形或破损 □正确检查机油接收器放置到位 □正确检查机油排放塞及垫片是否完好无损 □正确涂抹一层机油在机油滤清器密封圈上 □正确紧固机油滤清器拧紧力矩 □正确紧固排放塞拧紧力矩

续上表

步骤	操作方法及说明	质量标准及记录
更换发动机机油和机油滤清器	（7）加注机油：将车辆放低至方便加注机油的低位，加注规定数量的机油，并拧紧加注口盖。 机油壶　发动机　机油加注口盖 （8）检查发动机机油液位。 （9）检查发动机机油泄漏：起动发动机，检查机油压力报警灯工作情况。保持发动机怠速运转，举升车辆至高位。检查油底壳、排放塞及机油滤清器处是否漏油。 （10）将车辆降至低位，安装车轮挡块。 （11）复检发动机机油液位：关闭发动机，静置车辆5min以上，再次检查机油机油液位。若不足够，则视情况进行添加，调整到正常液位范围	□正确检查机油型号符合厂家规定，加注数量符合要求 □正确检查起动发动机液位和机油压力报警灯 □起动发动机后，正确检查油底壳、排放塞及机油滤清器处是否漏油 □关闭发动机后，检查机油液位是否正常 □正确实施8S作业

四、评价反馈（表2-13）

评价表　　　　　　　　　　　表2-13

评分项目	评分标准	分值（分）	得分（分）
学习目标	能明确本任务的知识、技能、素养目标，理解本任务在工作中的重要程度	5	
工作任务分析	能够清晰地描述完成本次工作任务的内容	2	
	能清晰描述完成本次工作任务需必备的技能与知识点	2	

续上表

评分项目	评分标准	分值(分)	得分(分)
有效信息获取	能查阅资料,准确填写本次实训车辆发动机的基本信息	5	
	能识读整车检查维护单,准确填写发动机检查的作业项目、作业内容	5	
	能查阅资料,正确识别并填写发动机各主要零部件名称	5	
	能查阅资料,正确识别并填写发动机受损类型	5	
实施方案制订	能清晰地制订并填写本次汽车发动机检查的准备作业计划	5	
	能组织或协同工作小组成员,明确本次任务所需仪器设备、工具、材料的准备与清点,并准备记录	5	
	能组织或协同工作小组成员交流,优化检查方案并记录	5	
任务实施	能规范地进行作业前现场环境检查,并记录	4	
	能检查并规范布置和穿戴个人防护用具,并记录	4	
	能规范检查机油和工作液位,并记录	5	
	能够规范检查各管路、各线束及各部件总成的外观,并记录相关信息	5	
	能规范检查点火系统外观,并记录	5	
	能规范检查发动机传动皮带的张紧度,并记录	5	
	能规范检查、清洁空气滤清器,并记录	5	
	能规范检查发动机电控系统数据,并记录	5	
	更换发动机机油和机油滤清器	5	
任务评价	能通过本次任务实施,结合自己在实训过程中的表现,进行自我评价及自我反思并记录	3	
职业素养	按规定时间完成项目作业	2	
	遵守实训室管理规定、劳动纪律	2	
	积极参与课堂活动、回答问题	2	
	能够按时出勤	2	
	独立完成作业前个人和车辆防护、作业后实施"8S"管理	2	
思政要求	爱岗敬业、尊重教师、团结同学、按文明生产规则进行操作,按规矩办事、做好交流沟通、展示良好的工匠精神和职业素养	5	
总计		100	

改进建议:

教师签字:
日期:

学习活动3　汽车底盘检查

一、明确任务

根据任务描述,客户汽车到达厂家进行首次维护,需要对汽车底盘进行检查与维护,使其恢复正常使用性能。

二、工作准备与计划制订

(一)知识准备

1. 制动系统

1)制动系统的作用

制动系统的作用是使行驶中的汽车按照驾驶人的要求进行适时减速、停车或驻车,以及保持汽车下坡行驶速度的稳定性。

2)制动器的分类

根据固定元件和旋转元件的结构不同,车轮制动器通常分为_____(图2-15)和_____(图2-16)。

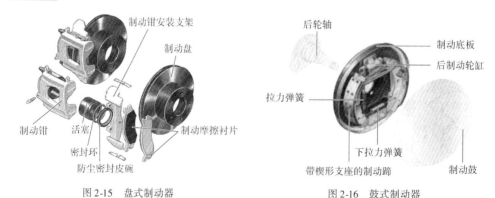

图2-15　盘式制动器　　　　　　图2-16　鼓式制动器

3)制动系统的检查

检查制动系统的管路、接头应无凹瘪、裂纹、漏油等现象;金属管路的管夹固定应牢靠,不得与车身等部件相擦碰;制动软管应无弯折、老化等缺陷,否则应进行相应的维修。

2. 驻车制动系统

驻车制动系统指机动车辆安装的驻车制动器,在车辆停稳后用于稳定车辆,避免车辆在斜坡路面停车时由于溜车造成事故。

1）驻车制动系统的分类

驻车制动器可分为_____、_____、_____，如图 2-17 所示。

图 2-17　驻车制动器

2）驻车制动系统的组成

驻车制动系统主要由_____、_____和_____组成。

3）驻车制动系统的检查

拉起驻车制动系统手制动拉杆，一般驻车制动行程为 6～9 齿。注意拉到第一齿时，仪表板制动指示灯点亮。

3. 悬架系统

悬架是_____（或承载式车身）与_____（或车轮）之间的所有传力连接装置的总称，如图 2-18 所示。

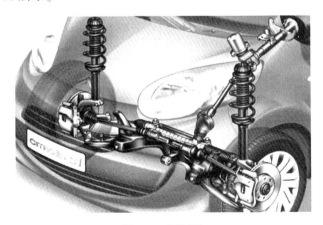

图 2-18　悬架系统

1）悬架的功用

把路面作用于车轮上的垂直反力、纵向反力和侧向反力以及这些反力所造成的力矩传递到车架（或承载式车身）上，保证汽车的正常行驶，起到传力作用；弹性元件和减振器起到缓冲减振作用；悬架的某些传力构件使车轮按一定轨迹相对于车架或车身跳动，起到导向作用；悬架中的辅助弹性元件横向稳定器，防止车身在转向等行驶情况下发生过大的侧向倾斜。

2）悬架的分类

（1）汽车悬架按导向机构的形式可分为_____（图2-19）和_____（图2-20）两大类。

图2-19　独立悬架

图2-20　非独立悬架

（2）汽车悬架按照控制力的角度不同可分为_____（图2-21）、_____（图2-22）两种。

图2-21　主动悬架

图2-22　被动悬架

3）悬架的检查

（1）车辆升起前的检查。

减振器减振力检查：在车前、车后通过上下晃动车身确定减振器的减振力大小，并且检查车身停止晃动的时间长短。

车辆倾斜检查：目视观察车辆是否倾斜。如果车辆倾斜还需检查轮胎气压和左右车轮的尺寸及车辆承载是否均匀。

（2）车辆升起后的检查。

减振器：检查减振器是否有凹痕、是否漏油，检查防尘罩是否有裂纹或损坏。

弹性元件：检查钢板弹簧或螺旋弹簧、扭杆弹簧等是否损坏。

其他部位：检查悬架的其他部位，如摆臂、稳定杆、推力杆等是否损坏。

检查连接情况：用手晃动悬架的主要元件，检查是否磨损或松动。最后用扭力扳手将螺母或螺栓按规定力矩紧固。

4.转向系统

1)转向系统的作用

汽车转向系统是用来改变或保持汽车行驶方向的一系列装置,它能按照驾驶人的意愿控制汽车的行驶方向,其系统元件分布于驾驶室、发动机舱和底盘。

2)转向系统的分类

汽车转向系统按照转向动力源的不同分_____和_____两种。

动力转向系统又可分为_____、_____和_____三类,如图2-23a)、b)、c)所示。

机械液压式动力转向系统主要由_____、_____、_____等组成。

电动助力转向系统在普通机械转向系统上增加了_____、_____、_____等。

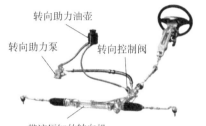

a) 机械液压式动力转向系统   b) 电子控制液压助力转向系统   c) 电动助力转向系统

图2-23 动力转向系统的分类

3)转向系统的检查

(1)转向盘的检查。

检查转向盘与转向轴的安装情况,用双手握住转向盘,在轴向和径向方向上用力摇动,观察此时转向盘是否移位,轴承是否松旷。

(2)转向盘自由行程的检查。

将转向轮转到直线行驶的位置,轻轻移动转向盘,在转向轮就要开始移动或感觉到阻力时,使用直尺测量转向盘外缘的移动量,一般为_____。

(3)转向盘锁止功能的检查。

将点火开关转至"锁"位置,轻轻转动转向盘,此时转向盘应该锁止不能转动;将点火开关转至"ACC"位置,转向盘应能自由转动。

5.驱动桥

1)驱动桥的作用

驱动桥的作用是将发动机传出的驱动力传给驱动车轮,实现_____的作用,同时改变动力传递的方向,如图2-24所示。

2)驱动桥的组成

驱动桥主要由_____、_____、_____、_____组成。

图 2-24　驱动桥

前置前驱(Front engine Front drive,FF):离合器、变速器、主减速器、差速器、驱动桥组件都安装在变速器壳体中,位于汽车前部,动力传递给前轮。

前置后驱(Front engine rear drive,FR):主减速器、差速器、驱动桥组件安装在驱动桥壳体内,位于汽车后部,动力传递给后轮。

(二)制订工作方案

1. 任务分工(表2-14)

学生任务分配表　　　　　　　　　表2-14

班级		组号		指导老师	
组长		任务分工			
组员1		任务分工			
组员2		任务分工			
组员3		任务分工			
组员4		任务分工			
组员5		任务分工			
组员6		任务分工			

2. 工量具、仪器设备与耗材准备

(1)使用的工量具有:_____。

(2)使用的仪器设备有:_____。

(3)使用的耗材有:_____。

3. 具体方案描述

_____

_____

_____

_____

三、计划实施

(一)安全注意事项及技能要点

1. 安全注意事项

(1)正确使用举升机,确保在举升机锁止到位的情况下作业。

(2)进入车辆底盘时,戴好安全帽,避免底部灰尘掉入眼睛。

(3)检查排气管时,必须戴手套,避免烫伤。

2.技能要点

(1)能根据底盘检查单列举底盘检查的作业项目,了解底盘检查的内容与作业流程。

(2)能按照制订的底盘检查作业流程进行底盘检查作业。

(3)能掌握底盘检查用工量具的使用方法和步骤,了解工量具使用安全事项。

(二)汽车底盘检查任务实施

转向系统的检查　传动系统的检查

1.检查离合器踏板和制动踏板(表2-15)

检查离合器踏板和制动踏板操作方法及说明　　表2-15

步骤	操作方法及说明	质量标准与记录
检查离合器踏板和制动踏板	(1)用钢直尺测量离合器踏板的高度值,并用手轻推离合器踏板,用钢直尺测量其自由行程。对照维修手册查看高度值与自由行程是否在标准值范围内,视情况进行调整。 (2)用钢直尺测量制动踏板的高度值,用手轻推制动踏板,用钢直尺测量其自由行程。对照维修手册查看高度值与自由行程是否在标准值范围内,视情况进行调整。 (3)检查真空助力装置:用脚踩住制动踏板,起动发动机,检查真空助力装置是否起作用;点动制动踏板,检查踏板的工作响应性。熄灭发动机,等几秒后,连续几次踩下制动踏板,踩踏板力感觉应由轻转重	□正确使用钢直尺测量离合器踏板高度 □正确使用钢直尺测量离合器踏板自由行程 □正确使用钢直尺测量制动踏板高度 □正确使用钢直尺测量制动踏板自由行程 □正确检查真空助力装置功能 □正确点动制动踏板,检查踏板响应性

2. 检查驻车制动系统(表2-16)

检查驻车制动系统操作方法及说明　　　　　　　　　　表2-16

步骤	操作方法及说明	质量标准与记录
检查驻车制动系统	(1)检查手动驻车制动手柄工作行程,用200N拉力时,制动手柄行程为6~9齿。同时检查驻车制动器锁止齿是否损坏,驻车制动器拉索动作是否顺畅,是否有异响,视情况进行更换。 (2)检查电子驻车制动时,拉起电子驻车P挡按钮即可	□正确检查驻车制动手柄工作行程 制动手柄 行程:_____齿 □正确检查驻车制动器锁止齿工作情况 □正确检查驻车制动器拉索功能 □正确检查电子驻车制动功能

3. 检查前后悬架系统的状况(表2-17)

检查前后悬架系统的状况操作方法及说明　　　　　　表2-17

步骤	操作方法及说明	质量标准与记录
前后悬架系统的状况	(1)让车辆四轮正常落地,半蹲姿势分别从前方及后方观看车身是否倾斜。 (2)用手掌分别按压车头及车尾,观察车身弹动状况是否正常,是否有异响。 (3)举升车辆至高位,确保车辆可靠锁止,仔细查看每个车轮悬架弹簧是否变形或损坏,查看前后减振器是否漏油及其他损坏现象	□正确检查车身是否倾斜 □正确检查减振器弹动状况 □正确检查车轮悬架弹簧是否变形或损坏,查看前后减振器是否有漏油及其他损坏现象

4. 检查与维护制动系统(表2-18)

检查与维护制动系统操作方法及说明　　　　　表2-18

步骤	操作方法及说明	质量标准与记录
检查与维护制动系统	(1)检查制动液:打开发动机舱盖,检查制动液面高度;检查制动液储液罐及ABS总成是否有泄漏。	□正确检查制动液面高度 □正确检查制动液储液罐及ABS总成是否有泄漏
	(2)检查制动管路:是否老化、变形与漏油,视情况进行修复与更换。	□正确举升车辆到高位并安全锁止 □正确检查制动管路老化、变形与漏油
	(3)检查轮缸及制动器:检查轮缸及连接部位是否老化、变形与漏油	□正确检查轮缸及连接部位是否老化、变形与漏油

5. 检查车轮与轮胎:参见学习任务三学习活动1 轮胎检查与维护

6. 检查转向系统(表2-19)

检查转向系统操作方法及说明　　　　　表2-19

步骤	操作方法及说明	质量标准与记录
检查转向系统	(1)检查动力转向液:检查液面是否处于正常位置,动力转向液储液罐及管路是否有泄漏。 (2)检查动力转向系统工作性能:起动发动机,左右转动转向盘,检查动力转向液面是否处于正常位置,同时检查转向盘是否松旷、异响及方向是否轻便灵活。 (3)检查转向盘的自由行程:熄灭发动机,检查转向盘的自由行程是否在技术范围之内。 (4)检查球笼防尘罩。 (5)检查转向系统各连接构件	□正确检查动力转向液面高度 □正确检查动力转向液储液罐及管路泄漏情况 □左右转动转向盘,正确检查动力转向系统工作性能 □上下前后左右使劲摇晃转向盘,正确检查转向盘松旷或者异响 □正确检查转向盘的自由行程 自由行程:_____ □正确检查球笼防尘罩 □正确检查各连接构件

7. 检查变速驱动桥(表2-20)

检查变速驱动桥操作方法及说明　　　　　　　表2-20

步骤	操作方法及说明	质量标准与记录
检查变速驱动桥	(1)检查变速驱动桥外观:检查变速驱动桥各部位是否有损坏及漏油现象。 (2)检查变速驱动桥油液:拆卸驱动桥油位检查口螺塞,检查油量与油质。 (3)检查传动机构:检查半轴是否变形、裂纹、锈蚀等,检查各传动轴防尘罩是否破损,视情况进行更换	□正确检查变速驱动桥各部位情况 □正确检查驱动桥油量与油质 □正确检查半轴变形、裂纹、锈蚀等 □正确检查传动轴防尘罩的破损

8. 检查底盘其他部件(表2-21)

检查底盘其他部件操作方法及说明　　　　　　表2-21

步骤	操作方法及说明	质量标准与记录
检查底盘其他部件	(1)观察底盘保护层是否有损伤。 (2)检查排气管固定是否可靠,各部位是否有漏气现象。 (3)检查底盘其他部件外观是否正常。 (4)检查紧固底盘的所有螺栓	□正确检查底盘保护层 □正确检查排气管 □正确检查底盘其他部件外观 □正确紧固底盘螺栓,力矩应符合标准

四、评价反馈(表2-22)

评价表　　　　　　　　　　　　　　　　　　　　　　　表2-22

评分项目	评分标准	分值(分)	得分(分)
学习目标	能明确本任务的知识、技能、素养目标,理解本任务在工作中的重要程度	5	
工作任务分析	能够清晰地描述完成本次工作任务的内容	2	
	能清晰描述完成本次工作任务需必备的技能与知识点	2	
有效信息获取	能查阅资料,准确填写本次实训车辆的基本信息	5	
	能识读底盘检查维护单,准确填写底盘检查的作业项目、作业内容	5	
	能查阅资料,正确识别并填写底盘各主要部件名称	5	
	能查阅资料,正确识别并填写底盘受损类型	5	
实施方案制订	能清晰地制订并填写本次汽车底盘检查的准备作业计划	5	
	能组织或协同工作小组成员,明确本次任务所需仪器设备、工具、材料的准备与清点,并准备记录	5	
	能组织或协同工作小组成员交流,优化检查方案并记录	5	
任务实施	能规范地进行作业前现场环境检查,并记录	4	
	能检查并规范穿戴个人防护用具,并记录	4	
	能规范检查离合器踏板和制动踏板,并记录	5	
	能规范检查驻车制动系统,并记录	5	
	能规范检查前后悬架系统,并记录	5	
	能规范检查与维护制动系统,并记录	5	
	能规范检查车轮与轮胎,并记录	5	
	能规范检查转向系统,并记录	5	
	能规范检查变速驱动桥,并记录	5	
	能规范检查底盘其他部件,并记录	5	
任务评价	能通过本次任务实施,结合自己在实训过程中的表现,进行自我评价及自我反思并记录	3	
职业素养	按规定时间完成项目作业	2	
	遵守实训室管理规定、劳动纪律	2	
	积极参与课堂活动、回答问题	2	
	能够按时出勤	2	
	独立完成作业前个人和车辆防护、作业后实施"8S"管理	2	

续上表

评分项目	评分标准	分值(分)	得分(分)
思政要求	爱岗敬业、尊重教师、团结同学、按文明生产规则进行操作,按规矩办事、做好交流沟通、展示良好的工匠精神和职业素养	5	
总计		100	

改进建议:

教师签字:
日期:

学习活动 4　汽车电气设备检查

一、明确任务

根据任务描述,客户汽车到达厂家进行首次维护,需要对汽车电气设备进行检查与更换,使其恢复正常使用性能。

二、工作准备与计划制订

(一)知识准备

1.汽车起动系统

1)汽车起动系统的组成

汽车起动系统主要由＿＿＿＿、＿＿＿＿、＿＿＿＿等组成,如图 2-25 所示。

2)汽车起动系统的作用

汽车起动系统的作用是通过起动机将蓄电池的电能转换为机械能,起动发动机运转。

2.起动机

起动机的作用是将蓄电池的电能转变为机械能,驱动发动机飞轮旋转实现发动机的起动。起动机安装在发动机飞轮壳体上。

起动机是起动系统中的主要组成部分,起动机一般由 _____、_____ 和 _____ 组成,如图 2-26 所示。

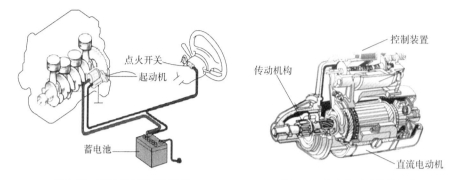

图 2-25　汽车起动系统的组成　　　　图 2-26　汽车起动系统的组成

3. 点火开关

汽车的点火开关装在转向柱上,通常有 5 个挡位担任不同的工作,如图 2-27 所示。

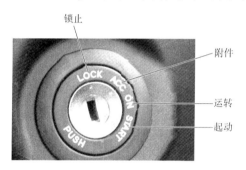

图 2-27　点火开关的位置

1)锁止(LOCK)

钥匙要在此位置才能拔出,也可在此位置锁住转向盘轴,以防汽车无钥匙被移动或被开走。

2)附件(ACC)

在此位置汽车附属电器的电路接通,如点烟器、收音机等,但点火系统不通。不起动发动机听收音机时应开在此位置。

3)运转(LOCK)

在此位置时点火系统及汽车各电器均接通,一般汽车行驶均在此位置。

4)起动(START)

由运转位置顺时针方向扭转钥匙即为起动位置,手放松时,钥匙又可以回到运转(ON)位置。在起动位置,点火系统及起动系统接通以起动发动机。

4. 蓄电池

蓄电池是汽车电器系统的心脏,在一定情况(发动机未运转时)下,蓄电池供给

_____所需的全部电能。蓄电池的安装位置如图 2-28 所示。

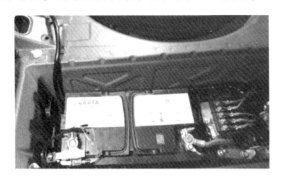

图 2-28　蓄电池的安装位置

1）蓄电池的功用

（1）单独供电：发电机在不工作的情况下，单独向用电设备供电。

（2）联合供电：发电机工作后，如果用电量大于发电机的输出量时，蓄电池协助发电机供电。

（3）储存电量：发电机工作后，蓄电池将过剩的电量储存起来。

（4）稳压保护：蓄电池相当于一个大的电容器，能够保持电器系统中电压的稳定，不会因为电压的波动而烧坏用电设备。

2）汽车蓄电池的类型

现代燃料汽车上使用的蓄电池一般为_____（图 2-29）。新能源汽车使用的动力蓄电池一般为_____，其照明信号系统、仪表指示系统、舒适系统等所使用的电源依然是铅酸蓄电池。传统能源汽车主要有_____（图 2-30）和铅酸蓄电池两种，其中以铅酸蓄电池应用最多。

图 2-29　镍碱蓄电池

图 2-30　铅酸蓄电池

3）铅酸蓄电池的组成

铅酸蓄电池主要由_____、_____、_____、_____、_____、_____、_____等部分组成，如图 2-31 所示。

5．汽车充电系统

1）汽车充电系统的基本组成

主要由_____、_____、_____、_____和_____等组成，如图 2-32 所示。

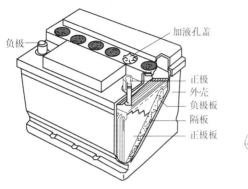

图 2-31 铅酸蓄电池的组成

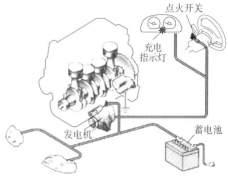

图 2-32 汽车充电系统的基本组成

2）汽车发电机的作用

发电机的作用是在发动机正常运转时，向除起动机外的所有用电设备供电，同时向蓄电池充电，发电机是汽车上的重要电源。

6. 汽车空调系统

1）汽车空调系统的功能

（1）制冷功能，在车外环境温度较高时降低车内温度，使乘客感到凉爽、舒适。

（2）采暖功能，对车内的空气或由外部进入车内的新鲜空气进行加热，达到取暖、除湿的目的。

（3）通风功能，确保汽车室内不断加入新鲜空气，驱排混有尘埃、二氧化碳及来自发动机的有害气体。

（4）空气净化功能，对引入汽车室内的空气进行过滤，确保车内空气清洁。

2）汽车空调系统的结构

汽车空调制冷系统由 _____、_____、_____、_____、_____、_____、_____ 和 _____ 等组成，如图 2-33 所示。

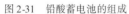

图 2-33 汽车空调制冷系统组成

3) 汽车空调滤清器

汽车空调滤清器用于汽车车厢内空气净化。一般分为两类,包括_____〔图2-34a)〕和_____(图2-34b))。前者只去除灰尘,后者带有活性炭,具有除臭功能。

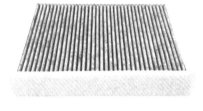

a) 普通型空调滤清器　　　　b) 活性炭系列空调滤清器

图 2-34　汽车空调滤清器种类

汽车空调滤清器根据车型不同有所区别,一般安装位置有两个:一是在副驾驶座位的手套箱后面,如图 2-35a)所示;二是发动机舱盖内风窗玻璃下侧,如图 2-35b)所示。

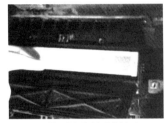

a) 副驾驶座位的手套箱后　　　　b) 发动机舱盖内风窗玻璃下侧

图 2-35　汽车空调滤清器位置

(二)制订工作方案

1. 任务分工(表 2-23)

学生任务分配表　　　　表 2-23

班级		组号		指导老师	
组长		任务分工			
组员 1		任务分工			
组员 2		任务分工			
组员 3		任务分工			
组员 4		任务分工			
组员 5		任务分工			
组员 6		任务分工			

2. 工量具、仪器设备与耗材准备

(1)使用的工量具有:_____。

(2)使用的仪器设备有:_____。

(3) 使用的耗材有：_____。

3. 具体方案描述

_____
_____
_____
_____

三、计划实施

(一) 安全注意事项及技能要点

1. 安全注意事项

(1) 正确检查及佩戴安全防护用具，需要注意车辆和个人的安全防护。

(2) 检查电气设备时，应关闭电源并拔掉插头。

(3) 在对电气设备进行检查时，需使用专业工具进行检测，避免在高温或潮湿环境下进行检查。

(4) 遵守场地安全规定，注意用电安全。

2. 技能要点

(1) 能采取正确的方法进行汽车电气设备的检查。

(2) 通过职业技能的学习，培养学生职业荣誉感和责任感。

(3) 能够根据流程和规范完成汽车电气设备的检查。

(二) 汽车电气设备检查任务实施

起动系统检查　　充电系统检查　　空调系统检查　　车门与天窗系统检查

1. 起动系统检查（表 2-24）

起动系统检查操作方法及说明　　　　　　　　表 2-24

步骤	操作方法及说明	质量标准及记录
检查蓄电池	(1) 外观检查。目视检查蓄电池外观是否有损伤或鼓包，是否有裂纹、变形、漏液等情况。	□正确检查蓄电池外观

续上表

步骤	操作方法及说明	质量标准及记录
检查蓄电池	（2）检查蓄电池安装状况。轻轻摇晃蓄电池，检查安装是否牢固。 （3）检查蓄电池静态电压。 ①将万用表旋到欧姆挡，正负表笔接触，检查万用表校零。 ②将红表笔放正极桩头，黑表笔放负极桩头，测量静态下蓄电池正负极之间电压，充满电的蓄电池其静态电压应为12V以上。 （4）电解液液面检查。从侧面观看蓄电池电解液，检查电解液的液位是否在标准范围内。如果电解液液位过低或出现异常情况，需要添加电解液或更换蓄电池。 （5）连接线及外壳的检查。 ①检查蓄电池极柱连接线是否松动或腐蚀，必要时进行紧固和清洁。 ②检查蓄电池外壳是否干净，有无污物	□正确检查蓄电池安装状况 □正确使用万用表 测量蓄电池静态电压为： _____ V □正确检查蓄电池电解液液面 □正确判断是否需要添加电解液或更换蓄电池 □正确检查蓄电池连接线
检查起动熔断丝和继电器	（1）用万用表检查起动熔断丝是否完好，检测起动熔断丝是否存在烧断或烧焦的现象。 （2）用万用表的欧姆挡来检测继电器，通过给继电器线圈两端通电可以检测继电器触点的闭合状况是否良好	□正确使用万用表检测熔断丝 □正确使用万用表检测继电器

续上表

步骤	操作方法及说明	质量标准及记录
检查起动熔断丝和继电器		
检查起动机	（1）检查起动机各连接导线绝缘是否良好，线路是否有松动、磨损等情况，连接牢固可靠。 （2）部件测量：用万用表测量起动机的转子和定子是否存在断路	□正确检查起动机各连接导线 □正确检测起动机各部件的功能
检查起动线路	（1）使用万用表检查起动线路上是否有断路或短路的现象。 （2）检查各端子是否有松动，如果有，需要把有松动的零件拧紧。 （3）检查起动机的起动线路，包括电源线路和点火开关至起动机继电器导线连接是否可靠	□正确使用万用表检查起动线路

2. 充电系统检查(表2-25)

充电系统检查操作方法及说明 表2-25

步骤	操作方法及说明	质量标准及记录
检查发电机皮带	参见表2-10	□正确检查发电机皮带
检查充电线路	(1)查看交流发电机与电压调节器之间的连接是否牢固,无松动或损坏。	□正确检查交流发电机与电压调节器之间的连接情况
	(2)检查发动机舱内的充电线路连接是否整齐有无短路或断路情况	□正确检查充电线路
检查蓄电池充电电压	起动发动机,检查蓄电池的充电电压	□正确检查蓄电池的充电电压
清洁充电插头和线束	清洁充电插头和线束,以减少损坏的发生	□按规范要求正确清洁

3. 灯光及仪表系统检查（表2-26）

灯光及仪表系统检查操作方法及说明　　　　　　　表2-26

步骤	操作方法及说明	质量标准及记录
检查仪表板背景灯	检查仪表板背景灯工作是否正常：点火开关打到ON，打开示廓灯，向上或向左调节组合仪表背景灯变亮，向下或向右调节组合仪表背景灯变暗	□正常□不正常
检查组合仪表指示灯	（1）检查水温指示灯工作是否正常。 （2）检查机油指示灯工作是否正常。 （3）检查蓄电池指示灯工作是否正常。 （4）检查防盗指示灯工作是否正常。 （5）检查燃油指示灯工作是否正常。 （6）检查发动机自检灯工作是否正常。 （7）检查气囊指示灯工作是否正常。 （8）检查ABS（Antilock Braking System，防抱死制动系统）指示灯工作是否正常。 （9）检查TCS（Traction Control System，牵引力控制系统）指示灯工作是否正常。 （10）检查车门指示灯工作是否正常。 （11）检查安全带指示灯工作是否正常。 （12）检查驻车指示灯工作是否正常。 （13）检查行李舱盖开启指示灯工作是否正常。	（1）□正常□不正常 （2）□正常□不正常 （3）□正常□不正常 （4）□正常□不正常 （5）□正常□不正常 （6）□正常□不正常 （7）□正常□不正常 （8）□正常□不正常 （9）□正常□不正常 （10）□正常□不正常 （11）□正常□不正常 （12）□正常□不正常 （13）□正常□不正常
检查灯光开关总成	（1）旋钮型灯光开关总成，通过旋转和拉拨来控制灯光的开闭。	□正确使用旋钮型灯光开关

续上表

步骤	操作方法及说明	质量标准及记录
检查灯光开关总成	(2)操纵杆型灯光开关总成，通过上下前后拨动来控制灯光的开闭。 (3)操纵杆加旋钮型灯光开关总成，通过旋转和左右拨动来控制灯光的开闭	□正确使用操纵杆型灯光开关 □正确使用操纵杆加旋钮型灯光开关
检查示廓灯	灯光开关旋钮旋转到示廓灯位置，示廓灯点亮	□正常□不正常
检查后雾灯	灯光开关旋钮旋转到示廓灯位置，将灯光开关旋钮往外拉出一档为前雾灯点亮。同时，灯光开关旋钮上的指示灯也由红色变为绿色	□正常□不正常

续上表

步骤	操作方法及说明	质量标准及记录
检查后雾灯	（后雾灯开启）	
检查前照灯	（1）检查近光灯工作是否正常：灯光开关旋转到近光灯位置，近光灯点亮。（灯光开关旋钮转到近光灯位置，近光灯标志）	□正常□不正常
	（2）检查远光灯及指示灯工作是否正常：在近光灯打开的前提下，向下拨转向盘左下方灯光开关操纵杆，远光灯点亮，同时，仪表板上远光灯指示灯点亮。（向下拨灯光开关操纵杆，远光灯指示灯亮）	□正常□不正常
	（3）检查前照灯闪光器工作是否正常：向上拨放转向盘左下方灯光开关操纵杆，远光灯交替点亮和熄灭，同时，仪表板上远光灯指示灯也交替点亮和熄灭（远光灯点亮，远光灯熄灭）	□正常□不正常
检查转向信号灯	顺时针或逆时针拨动转向盘左下方灯光开关操纵杆，左侧或右侧转向信号灯点亮，同时，仪表板上左侧或右侧转向信号灯指示灯点亮（左侧转向灯开启）	□正常□不正常

续上表

步骤	操作方法及说明	质量标准及记录
检查转向信号灯	右侧转向灯开启	
检查危险报警闪光灯	按下驾驶室仪表台上的红色三角按钮,所有转向信号灯及指示灯都开始闪烁	□正常□不正常
检查牌照灯	灯光开关旋钮旋转到示廓灯位置,后部牌照灯点亮	□正常□不正常
检查后组合灯	灯光开关旋钮旋转到示廓灯位置,后组合灯点亮	□正常□不正常
检查后雾灯	灯光开关旋钮旋转到示廓灯位置,将灯光开关旋钮往外拉出二挡为后雾灯点亮。同时,仪表板上的后雾灯指示灯点亮 后雾灯开启	□正常□不正常
检查制动灯	当驾驶人踩下制动踏板时,制动灯及高位制动灯立即亮起;当驾驶人松开制动踏板时,制动灯及高位制动灯立即熄灭	□正常□不正常

99

续上表

步骤	操作方法及说明	质量标准及记录
检查倒车灯	踩下离合器,按下换挡杆,挂入 R 挡,倒车灯点亮	□正常□不正常
检查顶灯	打开顶灯开关,检查顶灯是否点亮和熄灭	□正常□不正常

4. 空调系统检查(表 2-27)

空调系统检查操作方法及说明　　　　　　　　表 2-27

步骤	操作方法及说明	质量标准及记录
空调控制面板功能检查	(1)起动发动机,开启内循环模式。拨动内外循环模式开关调到内循环模式。 开启内循环模式 (2)检查空调控制面板功能。 ①检查 A/C 指示灯:按下 A/C 指示开关灯,打开鼓风机,确认 A/C 指示灯点亮。 A/C 指示灯亮 ②检查鼓风机风速:确认出风模式为正面出风;逐挡(从低到高)开启鼓风机,用手感受,随着挡位的增加,风速应增大(注意每个挡位之间间隔 2~3s)。	□正确开启内循环模式 □正确检查 A/C 指示灯 □正确检查鼓风机风速

续上表

步骤	操作方法及说明	质量标准及记录
空调控制面板功能检查	开启鼓风机1挡　　　　开启鼓风机7挡 ③检查温度调节开关:确认出风模式为正面出风;将手放置于出风口处,温度调节开关从最热调节至最冷,用手感受,随着温度调节开关的调节,温度是否有降低。注意:至少取五个点停顿后读取温度数值。 ④出风模式检查:选择不同的出风模式(吹面部、吹脚部、除雾等),确认其出风口是否为相应的出风模式。 ⑤检查内外循环模式:开启外循环模式,将鼓风机风速开启至最大,将手放置于车外空调进风口处,感受风速变化。 (3)关闭空调:先关闭空调 A/C 开关,等待 1~2min 后再关闭鼓风机;将发动机熄火	□正确检查温度调节开关 □正确检查出风模式 □正确检查内外循环模式 □正确关闭空调

续上表

步骤	操作方法及说明	质量标准及记录
检查清洁空调滤清器	(1)拆卸手套箱盖总成。 ①打开手套箱:用手拉动副驾驶室的手套箱扳手,打开手套箱。 ②旋松固定螺钉:用7号套筒组合工具拆卸手套箱总成固定螺钉,旋取下螺钉放至规定位置。 ③脱开拉钩:用手分开拉钩与固定扣。 ④松开手套箱盖挡块:左手大拇指扣右侧手套箱盖挡块旁,右手在下方配合,松开右侧手套箱盖挡块。右手大拇指扣左侧手套箱盖挡块旁,左手在下方配合,松开左侧手套箱盖挡块。 ⑤取出手套箱总成:双手放在手套箱两侧,沿铰链连接方向水平往外轻用力拉,拆下手套箱总成。 (2)拆卸空调滤清器。 ①拆卸空调滤清器盖板:按住盖板右侧固定卡扣,向外拉,取下滤清器盖板。 ②拆卸空调滤清器:水平方向拉出空调滤清器。 (3)检查、清洁空调滤清器。 ①检查空调滤清器:目视检查空调滤清器是否太脏,有无大量水渍和发霉腐烂物质,如有则更换,若滤清器比较干净就进行简单清洁。 ②清洁空调滤清器:使用压缩空气沿空气流通相反的方向清洁空调滤清器。	□正确拆卸手套箱盖总成 □正确取出手套箱总成 □正确拆卸空调滤清器盖板 □正确拆卸空调滤清器 □正确检查空调滤清器 □正确清洁空调滤清器

续上表

步骤	操作方法及说明	质量标准及记录
检查清洁空调滤清器	(4)安装空调滤清器。 ①确认空调滤清器安装方向,有箭头和"UP"标识。 ②将空调滤清器平行插入空调格。 ③轻推扣入空调滤清器,直至左右卡扣固定为止。	□正确安装空调滤清器
	(5)安装手套箱盖总成。 ①平行插入手套箱盖总成,并接合左右两个铰链。 注意:从上方接合铰链时会使铰链变形。务必平行安装手套箱盖总成。 ②扣入手套箱盖挡块。双手扶在手套箱盖总成两侧,扣入手套箱盖挡块。 ③连接拉钩。用手将拉钩与手套箱盖连接扣扣上。 ④旋紧。用十字螺丝刀旋紧手套箱盖固定螺钉。 ⑤检查安装情况。合上手套箱,再打开检查确认手套箱盖总成安装到位	□正确安装手套箱盖总成

5.刮水器及洗涤系统功能检查(表2-28)

刮水器及洗涤系统功能检查操作方法及说明　　　　表2-28

步骤	操作方法及说明	质量标准及记录
刮水器及洗涤系统功能检查	(1)检查刮水器喷射力和喷射位置。 ①起动发动机。 ②检查前风窗玻璃洗涤器的喷射力和喷射位置:用手向上拨动玻璃清洗操纵杆,目视洗涤器左右喷嘴喷孔的喷射力和喷射位置。每个喷嘴喷出的水流与前风窗玻璃表面接触点应形成30°左右的夹角,且处于前风窗玻璃左右对称的中间部位。	□正确起动发动机 □正确检查前风窗玻璃洗涤器的喷射力和喷射位置

续上表

步骤	操作方法及说明	质量标准及记录
刮水器及洗涤系统功能检查	（2）检查前风窗玻璃刮水器的刮拭情况：在刮水器工作全过程中，目视检查前风窗玻璃被刮拭的情况	□正确检查前风窗玻璃刮水器的刮拭情况

6. 座椅、安全带及车身外部检查（表2-29）

座椅、安全带及车身外部操作方法及说明　　　　表2-29

步骤	操作方法及说明	质量标准及记录
检查座椅	上下摇晃座椅，检查座椅安装螺栓有无松动；前后移动座椅，检查座椅移动是否灵活	□正确检查座椅安装情况
检查安全带	（1）全部拉出安全带并进行正反面检查，是否有撕裂、损坏。扣上安全带，拉动安全带应无松动。	□正反面检查安全带是否有撕裂、损坏和松动情况
	（2）系上安全带，检查安全带指示灯工作情况是否正常。参见表2-26检查组合仪表指示灯(11)内容	□正确检查安全带指示灯的工作情况

续上表

步骤	操作方法及说明	质量标准及记录
检查门控灯开关工作情况	(1)将顶灯开关置于门控灯控制位置。 (2)确保车辆打开任意一个车门时,顶灯点亮。 (3)关闭车门时,配备照明进入系统的车辆,顶灯不会立即熄灭,需要等待数秒,再检查顶灯熄灭	□正确将顶灯开关置于门控灯控制位置 □正确检查顶灯工作情况
检查车门	(1)通过上下左右摇晃车门,检查车门铰链螺栓有无松动,限位器工作是否正常。 (2)检查儿童锁工作情况:关闭后,内侧将无法打开车门;解锁后,内侧可以打开车门。 (3)按压门锁锁止按钮,检查车门锁止情况。 (4)按压门锁解锁按钮,检查车门解锁情况	□正确检查车门铰链工作情况 □正确检查车门限位器工作情况 □正确检查儿童锁工作情况 □正确检查车门锁止功能 □正确检查车门解锁功能

续上表

步骤	操作方法及说明	质量标准及记录
检查车门	锁止　　　　　解锁	
检查车窗	（1）按压和提拉驾驶人车门上的中央控制车窗按钮，逐一完全打开和关闭车窗，检查所有车窗升降是否正常。 副驾驶人车窗按钮 左后车窗按钮 右后车窗按钮 （2）将书本放置车窗顶部，提拉中央控制车窗按钮升起车窗，车窗碰到书本后迅速下降，检查所有车窗防夹功能是否正常。 （3）按压驾驶人车门上的车窗锁止按钮，操作副驾驶人车门、左后车门、右后车门车窗按钮，检查车窗是否被锁止或解锁。 锁止　　　　　解锁 （4）单独按压和提拉副驾驶人、左后、右后车窗按钮，直到车窗完全打开和关闭，检查副驾驶人、左后、右后车窗升降功能是否正常	□正确检查驾驶人车门中央控制车窗升降功能 □正确检查车窗防夹功能 □正确检查副驾驶人、左后、右后车窗锁止或解锁功能 □正确检查副驾驶人、左后、右后车窗升降功能

续上表

步骤	操作方法及说明	质量标准及记录
检查车窗	副驾驶人车窗按钮 左后车窗按钮　右后车窗按钮	
检查后视镜	(1) 按压 L 或 R,检查后视镜左右控制按钮是否工作正常。 后视镜上下左右调节按钮 后视镜左右控制按钮 (2) 按压后视镜左右上下调节按钮,检查后视镜调节是否正常	□正确检查后视镜左右控制功能 □正确检查后视镜左右上下调节功能
检查天窗	(1) 按压天窗开关,检查天窗工作情况是否正常。 (2) 查看天窗密封条,检查天窗密封情况是否完好;清洁检查润滑天窗轨道 天窗密封条 天窗轨道	□正确检查天窗工作情况 □正确检查天窗的密封性能

续上表

步骤	操作方法及说明	质量标准及记录
检查加油口盖和油箱盖	(1)通过按压加油口盖门的方式打开加油口盖门。 (2)检查油箱盖门有无变形;轻轻晃动油箱盖,检查铰链有无松动。 (3)打开油箱盖,检查油箱盖密封圈是否完好。 (4)装好油箱盖,旋转力矩限制器,检查力矩限制器是否工作正常	□正确方式打开加油口盖门 □正确检查油箱盖门 □正确检查油箱盖密封圈 □正确检查力矩限制器工作情况
检查行李舱门	(1)检查行李舱灯的工作情况:当开启行李舱盖时,行李舱灯自动点亮,照亮行李舱内空间;行李舱关闭(行李舱灯开关关闭)时,行李舱灯自动熄灭。 (2)检查行李舱盖锁工作情况:打开和关闭行李舱锁,行李舱打开和关闭正常。 (3)轻轻摇晃行李舱门支撑杆,检查行李舱门铰链螺栓和螺母是否松动	□正确检查行李舱灯的工作情况 □正确检查行李舱盖锁工作情况 □正确检查行李舱门铰链螺栓和螺母

续上表

步骤	操作方法及说明	质量标准及记录
检查行李舱门		
检查发动机舱盖	(1)检查发动机舱盖锁工作情况:拉起和盖上发动机舱盖,发动机舱盖锁能否解锁和锁止。 (2)轻轻摇晃发动机舱盖,检查发动机舱盖铰链螺栓和螺母是否松动	□正确检查发动机舱盖锁工作情况 □正确检查发动机舱盖铰链螺栓和螺母

7. 娱乐系统检查(表2-30)

娱乐系统检查操作方法及说明　　　　　表2-30

步骤	操作方法及说明	质量标准及记录
娱乐系统检查	(1)检查屏幕:检查屏幕是否正常工作,是否有划痕或损坏。 (2)检查音频:使用音频测试程序测试音频输出,以确保音质清晰。 (3)检查连接:使用蓝牙连接其他设备,例如手机或耳机,以测试连接是否正常。 (4)检查应用程序:检查娱乐系统中的应用程序是否正常运行。 (5)按照8S要求对设备、车辆、场地进行恢复清洁	□正确检查屏幕 □正确检查音频 □正确检查蓝牙连接 □正确检查应用程序 □按8S要求整理

四、评价反馈(表2-31)

评价表 表2-31

评分项目	评分标准	分值(分)	得分(分)
学习目标	能明确本任务的知识、技能、素养目标,理解本任务在工作中的重要程度	5	
工作任务分析	能够清晰地描述完成本次工作任务的内容	2	
	能清晰描述完成本次工作任务需必备的技能与知识点	2	
有效信息获取	能查阅资料,准确填写本次实训车辆的基本信息	5	
	能识读整车检查维护单,准确填写汽车电气设备检查的作业项目、作业内容	5	
	能查阅资料,正确补充填写汽车充电系统相关知识点	5	
	能查阅资料,正确填写汽车电气设备检查所需工量具和耗材	5	
实施方案制订	能清晰地制订并填写本次实训工作计划	5	
	能组织或协同工作小组成员,明确本次任务所需仪器设备、工具、材料的准备与清点,并准备记录	5	
	能组织或协同工作小组成员交流,优化检查方案并记录	5	
任务实施	能规范地进行作业前现场环境检查,并记录	4	
	能检查并规范穿戴个人防护用具,并记录	4	
	能规范完成起动系统检查,并记录	5	
	能规范完成汽车充电系统检查,并记录	5	
	能规范不漏项检查灯光及仪表系统检查,并记录	5	
	能规范不漏项检查空调系统,并记录	5	
	能规范不漏项检查刮水器及洗涤系统功能检查,并记录	5	
	能规范不漏项检查车门与天窗系统,并记录	5	
任务评价	能通过本次任务实施,结合自己在实训过程中的表现,进行自我评价及自我反思并记录	3	
职业素养	按规定时间完成项目作业	2	
	遵守实训室管理规定、劳动纪律	2	
	积极参与课堂活动、回答问题	2	
	能够按时出勤	2	
	独立完成作业前个人和车辆防护、作业后实施"8S"管理	2	

续上表

评分项目	评分标准	分值(分)	得分(分)
思政要求	爱岗敬业、尊重教师、团结同学、按文明生产规则进行操作、按规矩办事、做好交流沟通、展示良好的工匠精神和职业素养	5	
总计		100	

改进建议：

教师签字：
日期：

学习活动 5　首次维护质量检验与评估

一、明确任务

根据任务描述,客户汽车到达厂家进行首次维护,需要对首次维护进行质量检验与评估。

二、工作准备与计划制订

(一)知识准备

1. 汽车维护的概念

汽车维护是指维持汽车完好技术状况或工作能力而进行的作业。

(1)广义的汽车维护包含汽车美容,汽车装饰和汽车日常维护、一级维护、二级维护及相关的检测。

(2)狭义的汽车维护指汽车在使用中进行的预防性维护作业,含清洁作业、检查、紧固作业、调整作业等。

2. 汽车维护的作业规范

汽车维护的作业规范是除主要总成发生故障外,不能对车辆总成进行解体。

3.汽车维护制度

汽车维护制度是指对汽车进行维护工作而规定的技术性组织措施,是贯彻安全第一、预防为主,保障汽车安全运行的基本制度。我国的汽车维护制度贯彻"预防为主、定期检测、强制维护、视情修理"原则。

4.汽车维护的目的

汽车维护的目的是保持车辆外观整洁,延长汽车零部件的使用寿命,减少不必要的损坏,并及时发现和消除故障隐患,使车辆保持良好的技术状况,保证行车安全,延长大修间隔里程,确保车辆具有良好的动力性、经济性、耐久性、可靠性,减少噪声、废气的污染。

5.汽车维护的种类

依据维护作业的周期和性质不同,可将汽车维护分为定期维护和非定期维护。其中定期维护包括日常维护、一级维护、二级维护。

1)日常维护

汽车日常维护是指以清洁、补给和安全性检视为中心内容的维护作业。汽车日常维护由驾驶人完成,是汽车其他维护的基础。日常维护应坚持"三检""四清""四防"制度。

(1)"三检":_____、_____、_____对车辆安全部件、连接件的检查。

(2)"四清":_____、_____、_____、_____的清洁。

(3)"四防":防机油(脂)、燃油漏油;_____;_____;_____。

2)一级维护

一级维护指除日常维护工作外,以润滑、紧固为中心,并检查有关制动、操纵等系统中的安全部件的维护作业。一级维护由维修企业完成,车辆每行驶_____进行。

3)二级维护

二级维护指除一级维护工作外,以检查、调整制动系、转向操纵系、悬架等安全部件,并拆检轮胎、进行轮胎换位,检查调整发动机工作状况和汽车排放相关系统等为主的维护作业。二级维护由维修企业完成,车辆每行驶_____进行。

6.汽车维护周期

1)维护周期的定义

维护周期指同级维护之间间隔的里程或间隔的时间。

2)维护周期的制订依据

(1)日常维护。

据《汽车维护、检测、诊断技术规范》(GB/T 18344—2016)规定,日常维护的周期为:出车前、行车中、收车后维护。日常维护作业项目及技术要求见《汽车维护、检测、诊断技术规范》中表1。

(2)一、二级维护。

一、二级维护周期的确定应以行驶里程间隔为基本依据,行驶里程间隔执行车辆维修资料等有关技术文件的规定。一级维护基本作业项目及技术要求见《汽车维护、检测、诊断技术规范》中表1及表2;二级维护基本作业项目及要求见上述国标中表1、表2及表4。

一级维护周期:一般为_____km(或6个月)或根据具体车型而定,以先到者为准。

二级维护周期:_____km。

7. 竣工检验

汽车维护竣工检验是一项对汽车维护质量进行的检测评定工作。以二级维护为例:二级维护过程中应始终贯穿过程检验,并记录二级维护作业过程或检验结果,维护项目的技术要求应符合《汽车维护、检测、诊断技术规范》(GB/T 18344—2016)技术标准和车辆维修资料等相关技术文件规定。二级维护竣工检验项目及技术要求见表2-32。

二级维护竣工检验项目及技术要求　　　　表2-32

序号	检验部位	检验项目	技术要求	检验方法
1	整车	清洁	全车外部、车厢内部及各总成外部清洁	检视
2		紧固	各总成外部螺栓、螺母紧固,锁销齐全有效	检查
3		润滑	全车各个润滑部位的润滑装置齐全,润滑良好	检视
4		密封	全车密封良好,无漏油、无漏液和无漏气现象	检视
5		故障诊断	装有车载诊断系统(OBD)的车辆,无故障信息	检测
6		附属设施	后视镜、灭火器、客车安全锤、安全带、刮水器等齐全完好,功能正常	检视
7	发动机及其附件	发动机工作状况	在正常工作温度状态下,发动机起动三次,成功起动次数不少于两次,柴油机三次停机均应有效,发动机低、中、高速运转稳定、无异响	路试或检视
8		发动机装备	齐全有效	检视
9	制动系	行车制动性能	符合《机动车运行安全技术条件》(GB 7258—2017)规定,道路运输车辆符合《机动车安全技术检验项目和方法》(GB 38900—2020)规定	路试或检测
10		驻车制动性能	符合《机动车运行安全技术条件》(GB 7258—2017)规定	路试或检测
11	转向系	转向机构	转向机构各部件连接可靠,锁止、限位功能正常,转向时无运动干涉,转向轻便、灵活,转向无卡滞现象	检视
			转向节臂、转向器摇臂及横直拉杆无变形、裂纹和拼焊现象;球销无裂纹、不松旷,转向器无裂损、无漏油现象	

续上表

序号	检验部位	检验项目	技术要求	检验方法
12	转向系	转向盘最大自由转动量	最高设计车速不小于100km/h的车辆,其转向盘的最大自由转动量不大于15°,其他车辆不大于25°	检测
13		轮胎	同轴轮胎应为相同的规格和花纹,公路客车(客运班车)、旅游客车、校车和危险品运输车的所有车轮及其他机动车的转向轮不得装用翻新的轮胎,轮胎花纹深度及气压符合规定,轮胎的胎冠、胎壁不得有长度超过25mm或深度足以暴露出帘布层的破裂和割伤以及凸起、异物刺入等影响使用的缺陷	检查、检测
14	行驶系	转向轮横向侧滑量	符合《机动车运行安全技术条件》(GB 7258—2017)规定,道路运输车辆符合《机动车安全技术检验项目和方法》(GB 38900—2020)规定	检测
15		悬架	空气弹簧无泄漏、外观无损伤。钢板弹簧无断片、缺片、移位和变形,各部件连接可靠,U形螺栓螺母扭紧力矩符合规定	检查
16		减振器	减振器稳固有效,无漏油现象,橡胶垫无松动、变形及分层	检查
17		车桥	无变形、表面无裂痕,密封良好	检视
18	传动系	离合器	离合器接合平稳,分离彻底,操作轻便,无异响、打滑、抖动和沉重等现象	路试
19		变速器、传动轴、主减速器	变速器操纵轻便,挡位准确,无异响、打滑及乱挡等异常现象,传动轴、主减速器工作无异响	路试
20	牵引连接装置	牵引连接装置和锁止机构	汽车与挂车牵引连接装置连接可靠,锁止、释放机构工作可靠	检查
21	照明、信号指示装置和仪表	前照灯	完好有效,工作正常,性能符合《机动车运行安全技术条件》(GB 7258—2017)规定	检视、检测
22		信号指示装置	转向灯、制动灯、示廓灯、危险报警灯、雾灯、喇叭、标志灯及反射器等信号指示装置完好有效	检视
23		仪表	各类仪表工作正常	检视
24	排放	排气污染物	汽油车采用双怠速法,应符合《汽油车污染物排放限值及测量方法(双怠速法及简易工况法)》(GB 18285—2018)规定。柴油车采用自由加速法,应符合《柴油车污染物排放限值及测量方法(自由加速法及加载减速法)》(GB 3847—2018)规定	检测

8. 质检

1）质检的工作内容

车辆在车间维修完成后，经过了维修技术人员严格的自检、班组组长复检和车间主管或质检技术员的终检；服务顾问还应对车辆交付前进行严格的交车前检查，严防将不合格品交付给客户。

交车前准备工作的内容主要有质量检查、车辆旧件处理、车辆清洁、交车前检查和通知顾客取车等。

2）质检作业流程图（图2-36）

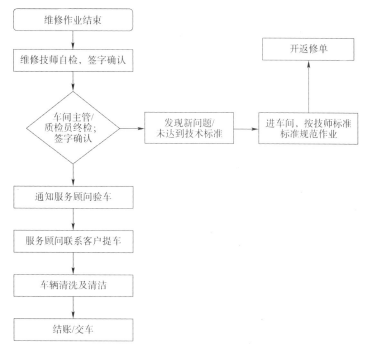

图2-36 质检作业流程图

3）质检过程中的注意事项

（1）审核维修委托书，确保完成所有要求的工作。

（2）按照检验规范进行检验。

（3）必要时，由维修接待员和主修技术员一同进行路试。

（4）检验不合格的车辆按照程序进行处理，并及时通知维修接待员。

（5）对检验过程中发现的问题进行评估，并告知维修接待员，由维修接待员及时与顾客进行沟通。

（6）发现的任何问题都要记录在委托书上。

（7）使用质量保证卡。

（8）确保车辆得到彻底清洁。

（9）及时通知维修接待员进行内部交车。

(10) 向维修接待员说明车辆维修情况和质量状况。

(11) 告知维修接待员零件的使用寿命。

(12) 任何需要维修但未执行的工作都应记录在委托书上。

(13) 将已维修好的车辆停放在竣工车停车位。

4) 质检过程中应尽量避免的事项

(1) 维修委托书上有未完成的工作。

(2) 不按规定进行检验。

(3) 检验不合格的车辆不进行处理。

(4) 检验中发现的问题不向维修接待员报告,导致未能与顾客及时进行沟通。

(5) 车辆未得到彻底清洁。

(6) 没有及时通知维修接待员进行交车。

(7) 不向维修接待员解释维修情况和质量状况。

(8) 未记录需维修但未修理的项目。

(9) 未将已维修完成的车辆停到竣工车辆的工位上。

(二) 制订工作方案

1. 任务分工(表2-33)

学生任务分配表　　　　　　　表2-33

班级		组号		指导老师	
组长		任务分工			
组员1		任务分工			
组员2		任务分工			
组员3		任务分工			
组员4		任务分工			
组员5		任务分工			
组员6		任务分工			

2. 工量具、仪器设备与耗材准备

(1) 使用的工量具有:_____。

(2) 使用的仪器设备有:_____。

(3) 使用的耗材有:_____。

3. 具体方案描述

三、计划实施

(一)安全注意事项及技能要点

1. 安全注意事项
(1)不能佩戴首饰、钥匙,不能披长发。
(2)正确检查及佩戴安全防护用具。
(3)正确使用举升机。
(4)严格遵守实训场所安全注意事项。

2. 技能要点
(1)能准确表述车辆首次维护项目及流程。
(2)能够实际完成车辆竣工检验。
(3)掌握汽车首次维护质量检验的工艺流程。

(二)首次维护质量检验与评估任务实施

1. 汽车首次维护项目

汽车首次维护项目因品牌和车型而异,但一般都包括机油、机油滤清器、空气滤清器等的更换,以及全车检查。

2. 汽车首次维护项目(表2-34)

汽车首次维护项目操作方法及说明　　　　　　　　　　　　表2-34

步骤	操作方法及说明	质量标准及记录
汽车首次维护项目	(1)前期准备:根据操作规范要求,安装车内四件套、车轮挡块,打开发动机舱盖,安装车外三件套。 (2)更换发动机机油及机油滤清器。 (3)目测检查发动机润滑系统、冷却系统、燃油系统和空调系统是否泄漏。 (4)检查蓄电池固定情况,电解液液面高度,必要时添加蒸馏水。 (5)检查冷却液是否有泄漏。 (6)检查风窗玻璃清洗液液面高度,必要时添加清洗液。 (7)检查风窗玻璃刮水器和洗涤器的工作状态,如必要可调整喷嘴。	□做好个人和车辆防护 □正确更换发动机机油及机油滤清器 □正确检查发动机润滑系统、冷却系统、燃油系统和空调系统 □正确检查蓄电池固定情况,电解液液面高度 □正确检查冷却液泄漏 □正确检查风窗玻璃清洗液液面高度 □正确检查风窗玻璃刮水器和洗涤器的工作状态

续上表

步骤	操作方法及说明	质量标准及记录
汽车首次维护项目	(8)检查制动系统是否有泄漏及损坏,并检查制动液液位高度,如必要添加制动液。 (9)目测检查变速器、主减速器及万向节防尘罩有无泄漏与损坏。 (10)检查转向横直拉杆球头的间隙,紧固程度及防尘罩状况,是否有破损。 (11)检查所有轮胎(包括备胎)的花纹深度及磨损情况,按要求检查轮胎气压,必要时校正。 (12)检查车轮螺栓拧紧力矩。 (13)检查灯光、点烟器、喇叭及电器元件的工作状况	□正确检查制动系统是否有泄漏及损坏 □检查制动液液位高度 □检查变速器、主减速器及万向节防尘罩 □正确检查转向横直拉杆球头的间隙,紧固程度及防尘罩状况 □正确检查所有轮胎(包括备胎)的花纹深度及磨损情况 □正确检查轮胎气压 □正确检查车轮螺栓拧紧力矩 □正确检查灯光、点烟器、喇叭及电器元件的工作状况

3. 汽车首次维护竣工检验(表2-35)

汽车首次维护竣工检验操作方法及说明　　　　　　　　　　　表2-35

步骤	操作方法及说明	质量标准及记录
汽车首次维护竣工检验	(1)清洁工作的要求,检查空气滤清器、机油滤清器、曲轴箱和变速器通风装置是否符合清洁要求。 (2)检查发动机机油、冷却液、制动液、变速器齿轮油、各部液压油、电瓶液面是否符合要求。 (3)检查全车有无漏油、漏水、漏气、漏电现象。 (4)检查发动机、悬架、进排气支管、散热器、驱动轴、摆臂、减振器、后桥、车身、车门、罩盖、附件支架等。 (5)检查转向连动杆、制动操纵机构连接是否可靠,锁销是否齐全、有效,万向节不松旷。 (6)检查各润滑点润滑是否良好,各密封护罩是否完好、紧固。 (7)检查轮毂轴承部位是否松旷。 (8)检查轮胎气压是否符合规定,胎面是否清洁、无异常磨损。 (9)检查蓄电池电极桩清洁、安装情况。 (10)检查照明设备、信号装置和仪表是否齐全有效	□正确清洁空气滤清器、机油滤清器、曲轴箱和变速器通风装置 □正确检查各种油液 □正确检查全车有无漏油、漏水、漏气、漏电现象 □正确检查各部位外露螺栓、螺母是否齐全坚固,各衬垫圈是否完好 □正确检查转向联动杆、制动操纵机构连接 □正确检查各润滑点润滑 □正确检查轮毂轴承部位 □正确检查轮胎 □正确检查蓄电池 □正确检查照明设备、信号装置和仪表

4. 汽车首次维护质量检验的工艺流程(表2-36)

汽车首次维护质量检验的工艺流程操作方法及说明　　　　　　表2-36

步骤	操作方法及说明	质量标准及记录
汽车首次维护质量检验的工艺流程	(1)前期准备:根据操作规范要求,安装车内四件套、车轮挡块,打开发动机舱盖,安装翼子板布、前格栅布。 (2)维修人员自检(一级质检)根据各项维修的作业内容做各项检查,并在委托项目栏内打勾,确认该项目已完成作业。 ①维修技术人员需要查看顾客要求的各项服务内容是否完成,认真检查维修工单上的问题。如果还存在问题,须及时为顾客解决。若有问题影响到维修项目及费用或涉及交货时间的,必须及时反馈给服务顾问,以便及时向顾客汇报。 ②自检合格后,维修人员在维修委托单上签字确认,把检查完成事项填入管理进度看板,并将维修委托单、更换的配件、钥匙等随车交给班组长进行互检,然后通知质检员该车已进入交车程序。	□正确做好个人和车辆防护 □正确检查并完成自检(一级质检)

续上表

步骤	操作方法及说明	质量标准及记录
汽车首次维护质量检验的工艺流程	（3）维修班组长的检验（二级质检）。 ①按照规定，必须对已完成的各个维修项目进行复检确认，核对更换配件清单等，确保做到项目无漏项、无错项。 ②检查《接车登记表》上顾客反馈的问题是否已解决，做到维修有记录、检查有结果、调整有数据。 ③对于重要修理、安全性能方面的修理、返修等应重点仔细检验，确保维修质量。 ④检验合格后，在维修委托单上签字，并与车间主管进行质检的工作交接。 （4）维修人员的终检（三级质检）。 （5）恢复清洁：拆除翼子板布、前格栅布，关闭发动机舱盖，拆除四件套、车轮挡块，清洁整理工具	□正确完成二级质检 □正确完成三级质检 □按 8S 要求整理

四、评价反馈（表2-37）

评价表　　　　　　　　　　　　　　　　　　　　　　　表2-37

评分项目	评分标准	分值（分）	得分（分）
学习目标	能明确本任务的知识、技能、素养目标，理解本任务在工作中的重要程度	5	
工作任务分析	能够清晰地描述完成本次工作任务的内容	2	
	能清晰描述完成本次工作任务需必备的技能与知识点	2	
有效信息获取	能查阅资料，准确填写本次实训车辆的基本信息	5	
	能识读车辆维修委托书，准确填写汽车首次维护作业项目及作业内容	5	
	能查阅资料，知晓汽车首次维护流程	5	
	能查阅资料，正确识别并填写作业项目	5	
实施方案制订	能清晰地制订并填写本次实训工作计划	5	
	能组织或协同工作小组成员，明确本次任务所需仪器设备、工具、材料的准备与清点，并准备记录	5	
	能组织或协同工作小组成员交流，优化检查方案并记录	5	
任务实施	能规范地进行作业前现场环境检查，并记录	4	
	能检查并规范穿戴个人防护用具，并记录	4	
	能规范检查汽车首次维护作业项目，并记录	5	
	能规范对汽车首次维护竣工进行检验，并记录	5	

续上表

评分项目	评分标准	分值(分)	得分(分)
任务实施	能规范对汽车首次维护质量进行检验,并记录	5	
	在维护检查过程中无漏项	5	
	能规范不漏项地对维护车辆进行三检,并记录	5	
	能规范不漏项地完成汽车首次维护检查,并记录	5	
任务评价	能通过本次任务实施,结合自己在实训过程中的表现,进行自我评价及自我反思并记录	3	
职业素养	按规定时间完成项目作业	2	
	遵守实训室管理规定、劳动纪律	2	
	积极参与课堂活动、回答问题	2	
	能够按时出勤	2	
	独立完成作业前个人和车辆防护、作业后实施"8S"管理	2	
思政要求	爱岗敬业、尊重教师、团结同学,按文明生产规则进行操作,按规矩办事,做好交流沟通,展示良好的工匠精神和职业素养	5	
总计		100	

改进建议:

教师签字:
日期:

任务习题

1. 单选题

(1)下面关于车身饰条、密封条、装饰条板的检查内容,错误的是( )。

A. 顶部饰条:检查确认顶部饰条粘贴牢固,无翘起、破损等情况

B. 车门窗台外侧密封条(有无)

C. 检查确认窗框密封条无开裂、变形

D. 确认前后车身上的标牌等清晰、正确

(2) 发动机舱首次维护的项目有(　　)。
　　A. 发动机温度　　　　　　　　B. 点火正时
　　C. 机油、冷却液、制动液量　　　D. 发动机有无异响

(3) 检查发动机机油液位时,应把车停在平坦的地方,在发动机(　　)进行。
　　A. 熄火后立即　　　　　　　　B. 怠速时
　　C. 高转速时　　　　　　　　　D. 冷车起动之前或熄火 30min 后

(4) 标有 15W/40 字样牌号的润滑油是指(　　)润滑油。
　　A. 冬季　　　　　　　　　　　B. 夏季
　　C. 秋季　　　　　　　　　　　D. 冬夏通用

(5) 底盘检查时,应检查各部位有无漏水、(　　)、漏气三漏现象。
　　A. 漏雨　　　B. 漏电　　　C. 漏油　　　D. 漏光

(6) 车辆底盘首次维护时,应保持轮胎气压正常,检查外表有无破损,并(　　)。
　　A. 更换新轮胎　　　　　　　　B. 进行轮胎换位
　　C. 清洗轮胎　　　　　　　　　D. 清除胎纹间杂物

(7) 下列不属于汽车空调吹风模式的是(　　)。
　　A. 吹面部　　　　　　　　　　B. 吹腿部
　　C. 吹头顶　　　　　　　　　　D. 除雾

(8) 下列选项中属于汽车首次维护重要项目的是(　　)。
　　A. 更换机油及滤清器　　　　　B. 检查刹车系统
　　C. 调整轮胎气压　　　　　　　D. 检查冷却液水平

(9) 下列选项中属于汽车车辆外观检查必要步骤的是(　　)。
　　A. 检查车身漆面是否有划痕和凹陷
　　B. 检查前后风窗玻璃是否有裂纹和破损
　　C. 检查车轮是否有明显的磨损和损坏
　　D. 以上都是

(10) 一级维护间隔里程一般为(　　)或 6 个月,以先到达的为准。
　　A. 1000～1500km　　　　　　B. 5000～7500km
　　C. 10000～15000km　　　　　D. 20000～30000km

2. 判断题

(1) 检查发动机机油液位发现机油不足够,可不用添加继续行驶。　　　　(　　)
(2) 用压缩空气清洁空气滤清器,吹的方向应与进气方向相反。　　　　　(　　)
(3) 关闭空调及鼓风机,等 1～2min 关闭空调 A/C 开关,使发动机熄火。(　　)
(4) 可以用洗洁精兑自来水替代专用玻璃水。　　　　　　　　　　　　　(　　)
(5) 质量管理就是质量检验。　　　　　　　　　　　　　　　　　　　　(　　)
(6) 汽车维修企业的领导作用是汽车维修质量管理成败的关键。　　　　　(　　)
(7) 汽车维修作业质量标准是相应车型的汽车维修竣工出厂技术条件。　　(　　)

（8）汽车维修质量检验是通过对汽车维修过程和维修后质量特性的测定,对汽车维修质量做出合格或不合格判定的过程。　　　　　　　　　　　（　）

（9）借助于各种工量具、仪器、设备对车辆技术参数进行测试是汽车维修质量检验的主要方法。　　　　　　　　　　　　　　　　　　　　　（　）

（10）汽车维修竣工出厂质量检验必须由专职汽车维修质量检验员承担。（　）

3. 实操练习题

（1）更换机油及机油滤清器。

（2）检查车轮：包括轴承、外观、轮辋的检查以及胎面沟槽深度和轮胎气压的测量。

学习任务三

汽车4万km维护

学习目标

1. 知识目标

(1)能说出汽车4万km维护的作业项目及技术要求。
(2)能说出轮胎的作用、类型、结构、规格、检查项目及作业内容。
(3)能描述制动器的作用、类型、结构及检查和更换方法。
(4)能描述制动液的作用、规格、更换周期及更换方法。
(5)能说出空气滤清器和空调滤清器的作用、类型、结构、更换周期及更换方法。
(6)能说出燃油滤清器的作用、类型、结构、更换周期及更换方法。
(7)能说出火花塞的结构、功用、类型、更换周期及检查方法。
(8)能描述冷却液更换及排放空气的基本知识。
(9)能说出汽车4万km维护质量检验的工作程序和作业内容。

2. 技能目标

(1)能根据维护手册,实施车辆4万km维护作业。
(2)能按照轮胎维护作业流程进行轮胎检查与维护作业。
(3)能掌握气压表及深度规的使用方法,并了解其使用注意事项。
(4)能正确进行轮胎动平衡和轮胎换位。
(5)能查阅维修手册,正确、规范地拆装、检查、更换制动器。
(6)能查阅维修手册,正确、规范地拆装、更换空气滤清器和空调滤清器。
(7)能用正确的方法释放燃油系统油压,并完成燃油滤清器的更换。
(8)能熟练掌握制动液、冷却液更换的工具设备及操作步骤。
(9)能够相互配合完成制动液、冷却液的更换任务。
(10)能查阅维修手册,正确、规范地拆装、检查火花塞。
(11)能严格实施跟踪检验,并按照相应的技术标准或出厂说明书的有关规定流程进行整车维护质量检验与评估。
(12)能对汽车4万km维护竣工检验(包括人工检查、道路试验和检测线检测等)的结果进行分析,指导维护人员进行调整、维护等作业,正确填写有关的技术资料。

3.素养目标

(1)培养学生严谨的工作态度,规范实训8S管理,养成良好的职业行为习惯。

(2)规范操作,主动钻研,养成精益求精的工匠精神。

(3)通过学习使学生具备本专业高素质技术工作者所必需的专业技能,同时培养学生的专业兴趣,增强团结协作的能力。

(4)促进学生职业素养的形成,为培养高素质汽车售后服务专门人才奠定良好的基础。

(5)培养学生自主学习、崇尚劳动,形成有耐心、够细心、爱岗敬业的劳模精神。

参考学时

48学时。

任务描述

客户汽车达到厂家规定的维护要求,到维修厂进行定期维护。经前台接车确认后,开具4万km维护工单,需按维护工单内容完成汽车4万km维护。

学习活动1 轮胎检查与维护

一、明确任务

根据任务描述,客户汽车到达厂家进行4万km维护,在完成首次维护作业项目的基础上,需要对汽车所有轮胎进行全面的检查与维护,使其恢复正常使用性能。

二、工作准备与计划制订

(一)知识准备

1.轮胎的作用

轮胎安装在轮辋上,直接与路面接触,其作用如下:

(1)保证乘坐舒适性和行驶平顺性:和汽车悬架共同来缓和汽车行驶中所受到的冲击,并衰减由此产生的振动,以保证汽车有良好的乘坐舒适性和行驶平顺性。

(2)保证附着性:车轮和路面有良好的附着性,以提高汽车的牵引性、制动性和通过性。

(3)保证支承力和反作用力:支撑汽车的质量、承受路面的其他反作用力。

2.轮胎的类型

按照胎体结构不同,汽车轮胎可分为_____和_____。

实心轮胎是与充气轮胎(空心轮胎)对应的一种轮胎,其胎体是实心的,不用帘线做骨架,不必充气,故不需内胎或气密层。实心轮胎目前仅用于低速行驶的高负荷车辆和机械,也用于固定位置的机械。现代汽车绝大多数采用充气轮胎。

1)充气轮胎按组成结构分类

按组成结构不同,充气轮胎分为_____和_____。

有内胎轮胎具有良好的承重性,可以减少汽车行驶过程中的冲击力,但其安全性低,易磨损,如图3-1所示。相比有内胎轮胎,无内胎轮胎安全性高、节油环保,得到了广泛的应用,如图3-2所示。

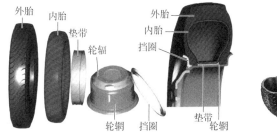   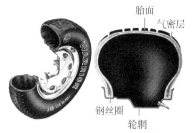

图3-1 有内胎轮胎结构   图3-2 无内胎轮胎结构

2)充气轮胎按胎体中帘线排列的方向分类

按胎体中帘线排列的方向不同,充气轮胎分为_____和_____。

普通斜交轮胎主要有_____、_____、_____和_____组成,如图3-3所示。胎面是外胎的外表层,包括胎冠、胎肩和胎侧三部分;胎圈由钢丝圈、帘布层包边和胎圈包布组成。其帘布层和缓冲层各相邻层帘线交叉,且与胎面中心线呈小于90°排列。普通斜交轮胎是胎面花纹呈交叉状,有防滑作用,由于内层没有变化,经济效果不明显。

子午线轮胎由_____、_____、_____、_____、_____、_____六个主要部分组成,如图3-4所示。其胎体帘线按子午线方向排列,有帘线周向排列或接近周向排列的缓冲层紧紧箍在胎体上的一种新型轮胎。

子午线轮胎与普通斜交轮胎相比,胎面刚性大,耐磨性好,使用寿命长;滚动阻力小,节省燃料;附着性能好;承载能力大;胎温低,散热快;胎面不易穿刺,不易爆胎;缺点是胎侧易裂口,制造技术要求高,成本较高。由于子午线轮胎明显优越于普通斜交胎,因此,现代汽车普遍采用子午线轮胎。

3)充气轮胎按胎面花纹分类

充气轮胎按胎面花纹的不同,分为_____、_____和_____,如图3-5所示。

普通花纹适合于在硬路面上使用。越野花纹的抓着力大,适合于在崎岖不平的道路、松软土路和无路地区使用。混合花纹既适应于良好的硬路面,也适应于碎石路面、雪泥路面和松软路面。

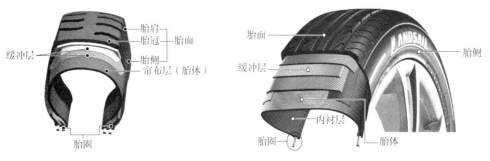

图 3-3 普通斜交轮胎结构　　图 3-4 子午线轮胎结构

a) 普通花纹轮胎　　b) 越野花纹轮胎　　c) 混合花纹轮胎

图 3-5 充气轮胎按胎面花纹分类

3. 轮胎的规格

汽车轮胎规格参数在轮胎外侧，一般由六部分组成：轮胎宽度、轮胎断面扁平比、轮胎类型代号（R 表示子午线轮胎）、轮辋直径（英寸）、负荷指数、速度级别。轮胎规格 195/65 R15 91V 所表示的含义如图 3-6 所示。

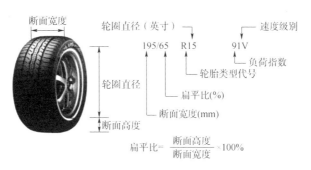

扁平比 = $\frac{\text{断面高度}}{\text{断面宽度}} \times 100\%$

图 3-6 轮胎规格的含义

（1）195 表示轮胎宽度为 195mm。

（2）55 表示扁平率为 65%，即轮胎宽度与轮胎高度之比，有 55、60、65、70、75、80 六个级别。

（3）R 表示子午线轮胎，即"Radial"的第一个字母。

（4）16 表示轮辋的直径为 16 英寸。

（5）91 表示载重等级，载重等级为 91 的轮胎最大载重量为 615kg。常见的载重等级与对应的最大载重量见表3-1。

轮胎常用载重指数对照表　　　　　　　　　　表3-1

指数	载重（kg）	指数	载重（kg）	指数	载重（kg）
70	335	81	462	92	630
71	345	82	475	93	650
72	355	83	487	94	670
73	365	84	500	95	690
74	375	85	515	96	710
75	387	86	530	97	730
76	400	87	545	98	750
77	412	88	560	99	775
78	425	89	580	100	800
79	437	90	600	101	825
80	450	91	615	102	850

（6）V表示速度等级，表示轮胎的最高行驶速度。常见的汽车轮胎速度等级对照见表3-2。

轮胎速度等级对照表　　　　　　　　　　表3-2

速度符号	最高车速（km/h）	速度符号	最高车速（km/h）
E	70	Q	160
F	80	R	170
G	90	S	180
J	100	T	190
K	110	U	200
L	120	H	210
M	130	V	240
N	140	W	270
P	150	Y	300

(二)制订工作方案

1. 任务分工(表3-3)

学生任务分配表　　　　　　　　　表3-3

班级		组号		指导老师	
组长		任务分工			
组员1		任务分工			
组员2		任务分工			
组员3		任务分工			
组员4		任务分工			
组员5		任务分工			
组员6		任务分工			

2. 工量具、仪器设备与耗材准备

(1)使用的工量具有：_____。

(2)使用的仪器设备有：_____。

(3)使用的耗材有：_____。

3. 具体方案描述

_____
_____
_____
_____
_____

三、计划实施

(一)安全注意事项及技能要点

1. 安全注意事项

(1)认真检查工量具、仪器设备,确保能正常使用。确保轻拿轻放,并按正确的方法使用后,应立即清洁。

(2)正确掌握气动扳手的使用方法,严禁使用气动扳手时触碰转动部位,也不能做可能触摸转动部位的动作。

(3)轮胎平衡机开机前,必须确保平衡机功能正常、轮胎安装牢固及其周边安全。

(4)举升车辆时,升降车辆过程中,禁止人员进入举升区域、车辆前后方以及车辆内;举升车辆到位后,确保举升机锁止到位。

2.技能要点

(1)能根据轮胎维护作业单,了解轮胎维护的内容与作业流程。

(2)能按照制订的轮胎维护作业流程进行轮胎检查与维护作业。

(3)能掌握气动扳手、气压表及深度规的使用方法,了解使用注意事项。

(4)能正确掌握轮胎平衡机的使用方法及使用注意事项。

(5)能正确进行轮胎换位。

(二)轮胎检查与维护任务实施

1.拆卸轮胎(表3-4)

拆卸轮胎操作方法及说明　　　　　表3-4

步骤	操作方法及说明	质量标准及记录
检查轮胎轴承	(1)将一只手放在轮胎上面,另一只手放在轮胎下面,推拉轮胎检查是否有摆动。若出现摆动,用压紧器压紧制动踏板,再次检查。没有更大的摆动,说明车轮轴承有故障;仍然摆动,说明球节、主销或者悬架有故障。 制动踏板压紧器 (2)用手转动轮胎,顺时针和逆时针转动一周以上,检查轮胎是否能够无任何噪声地平稳转动	□正确检查车轮轴承故障 □正确检查球节、主销、悬架故障 □正确检查轮胎噪声
拆卸轮胎	用气动扳手拆卸车轮,注意调节气动扳手旋转方向和挡位,套筒与气动扳手连接牢固,螺母拆装顺序按图中星形交叉进行。拆下最后一个螺母时,应扶住车轮,避免车轮悬挂掉落	□正确使用气动扳手 □按正确顺序拆装轮胎螺母

2. 检查及维护轮胎(表3-5)

检查及维护轮胎操作方法及说明　　　　　　　　　　　　表3-5

步骤	操作方法及说明	质量标准及记录
检查轮胎外观	(1)轮圈和轮盘是否损坏、腐蚀和变形。 (2)轮胎胎面和胎壁是否有嵌入金属颗粒、石子或其他异物。 (3)轮胎胎面和胎壁是否有裂纹、割痕或其他损坏。 (4)轮胎是否有异常磨损 双肩磨损　中间磨损　薄边磨损　单肩磨损　跟部磨损	□正确检查轮圈和轮盘损坏、腐蚀和变形 □根据实际情况，用起子将金属颗粒、石子或其他异物取出 □正确检查轮胎胎面和胎壁裂纹、割痕或其他损坏 □正确检查轮胎异常磨损 磨损类型：_____
检查轮胎花纹深度	(1)使用一个轮胎花纹深度尺，沿着轮胎表面间隔120°测量3个位置测量轮胎花纹的深度。 (2)通过观察轮胎表面的胎面磨损指示标记检查轮胎花纹深度	□正确使用轮胎花纹深度尺 测量的最小花纹深度为_____ mm □判断最小花纹深度小于1.6mm □需要更换轮胎

续上表

步骤	操作方法及说明	质量标准及记录
检查轮胎花纹深度		
检查轮胎气压	(1)查看油箱盖或门柱上的轮胎标准气压。 (2)用轮胎气压表检查轮胎气压,确保轮胎气压为标准气压	标准气压:_____ 轮胎气压测量值:_____ □正确使用轮胎气压表,将气压调整到标准值
检查轮胎漏气	(1)将充气帽取下,涂抹肥皂水在气门芯处,观察有无漏气现象。 (2)检查轮胎钢圈内侧和外侧,沿钢圈涂抹肥皂水,观察有无漏气现象	□正确检查气门芯处漏气 □正确检查钢圈内侧和外侧漏气

3. 检查轮胎动平衡(表 3-6)

检查轮胎动平衡操作方法及说明　　　　　　　表 3-6

步骤	操作方法及说明	质量标准及记录
检查轮胎动平衡	(1)使用专用工具拆卸轮胎上所有旧铅块。并将轮辋清洁干净。	□正确使用专用工具取下轮胎上的旧铅块
	(2)将轮胎正确安装到平衡机上,正确选择三角锥块,并用夹具夹紧。	□正确将轮胎安装到平衡机上
	(3)正确打开和关闭平衡机电源(红色开关:打开灯亮,关闭灯灭)。	□正确打开和关闭平衡机电源
	(4)用平衡机上的标尺测量轮辋边缘至机箱距离 A,输入平衡机。	□正确测量轮辋边缘至机箱距离 A,并输入平衡机
	(5)用卡尺测量轮辋宽度 L,输入平衡机。	□正确测量轮辋宽度 L,并输入平衡机
	(6)从胎侧读出轮辋半径 D,输入平衡机。	□正确读出轮辋半径 D,并输入平衡机

续上表

步骤	操作方法及说明	质量标准及记录
检查轮胎动平衡	(7)起动平衡机,检测轮胎不平衡量,不平衡量平衡机自动检测。 (8)确定添加铅块克数,找到轮胎上的不平衡位置,在轮胎内外侧贴上铅块。 (9)起动平衡机,复检。不平衡量不超过5g	□正确添加铅块克数,贴在轮胎内外侧 □轮胎不平衡量不超过5g

4. 换位及安装轮胎(表3-7)

换位及安装轮胎操作方法及说明　　　　　表3-7

步骤	操作方法及说明	质量标准及记录
换位轮胎	根据实际情况,跟客户充分沟通后,按下图进行轮胎换位 4轮　　5轮 前轮驱动车辆　　后轮驱动车辆	□正确进行轮胎换位

续上表

步骤	操作方法及说明	质量标准及记录
安装轮胎	(1)用气动扳手安装车轮:先用手将螺母旋紧,然后用气动扳手预紧,螺母预紧顺序跟拆卸顺序一样星形交叉进行。注意调节气动扳手旋转方向和挡位(使用力矩最小挡),套筒与气动扳手连接必须牢固。 (2)手工安装车轮:用手旋入螺母,用摇摆扳手或指针式扳手加套筒按星形交叉顺序预紧轮胎螺母。 (3)按照维修手册轮胎螺母力矩要求,分2~3次使用力矩扳手紧固轮胎螺母,使其达到规定力矩 扭矩扳手	□正确使用气动扳手或摇摆扳手预紧轮胎螺母 □正确按规定力矩紧固轮胎螺母 □正确按星形交叉顺序方法安装和紧固轮胎螺母

四、评价反馈(表3-8)

评价表　　　　　　　　　　　　　　表3-8

评分项目	评分标准	分值(分)	得分(分)
学习目标	能明确本任务的知识、技能、素养目标,理解任务在工作中的重要程度	5	
工作任务分析	能清晰描述完成本次工作任务内容	2	
	能清晰描述完成本次工作任务需必备的技能与知识点	2	
有效信息获取	能正确描述轮胎的作用	5	
	能正确描述轮胎的分类	8	
	能正确理解轮胎的规格	6	
实施方案制订	能清晰地制订并填写本次轮胎检查与维护的准备作业计划	5	
	能组织或协同工作小组成员,明确本次任务所需仪器设备、工具、材料的准备与清点,并准备记录	5	
	能组织或协同工作小组成员交流,优化检查方案并记录	5	

续上表

评分项目	评分标准	分值(分)	得分(分)
任务实施	能正确进行轮胎轴承检查	2	
	能独立完成轮胎拆卸	4	
	能正确使用气动扳手	2	
	能独立完成轮胎检查及维护	10	
	能正确使用轮胎深度尺和气压表	2	
	能独立完成轮胎动平衡	9	
	能正确使用轮胎动平衡仪	2	
	能正确实施轮胎换位	4	
	能独立完成轮胎安装	4	
任务评价	能通过本次任务实施,结合自己在实训过程中的表现,进行自我评价及自我反思并记录	3	
职业素养	按规定时间完成项目作业	2	
	遵守实训室管理规定、劳动纪律	2	
	积极参与课堂活动、回答问题	2	
	能够按时出勤	2	
	独立完成作业前个人和车辆防护、作业后实施"8S"管理	2	
思政要求	爱岗敬业、尊重教师、团结同学、按文明生产规则进行操作,按规矩办事、做好交流沟通、展示良好的工匠精神和职业素养	5	
总计		100	

改进建议:

教师签字:
日期:

学习活动 2　车轮制动器检查

一、明确任务

根据任务描述,客户汽车到达厂家进行 4 万 km 维护,在完成首次维护作业项目的基础上,需要对汽车车轮制动器进行检查,必要时进行制动摩擦衬片或制动蹄摩擦片更换,使其恢复正常使用性能。

二、工作准备与计划制订

(一)知识准备

1. 车轮制动器的作用

车轮制动器的作用是利用_____和_____工作表面的摩擦而产生与汽车行驶方向相反的制动力矩来使汽车迅速减速或停车。

2. 车轮制动器的分类

根据固定元件和旋转元件的结构不同,车轮制动器通常分为_____和_____。

3. 盘式制动器

1)盘式制动器的组成

盘式制动器一般采用液压型,由液压控制,盘式制动器主要由_____、_____、_____、_____、_____等组成,如图2-15所示。

2)盘式制动器的分类

盘式制动器根据结构不同可分为钳盘式制动器和全盘式制动器。在重型载货汽车上,要求有更大的制动力,为此采用全盘式制动器。轿车上大多采用钳盘式制动器,按制动钳的结构型式不同,盘式制动器可分为_____制动器和_____制动器,如图3-7、图3-8所示。

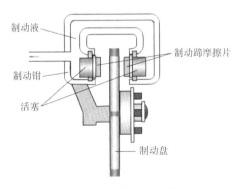

图3-7 定钳盘式制动器

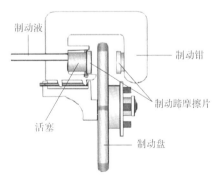

图3-8 浮钳盘式制动器

3)盘式制动器的工作原理

(1)定钳盘式制动器的工作原理。

如图3-9所示,制动时,来自制动主缸的制动液被压入制动轮缸,制动轮缸的液压上升,两轮缸活塞在液压作用下移向制动盘,将制动摩擦衬片压靠到制动盘上,制动摩擦衬片夹紧制动盘,产生阻止车轮转动的摩擦力矩,实现制动。

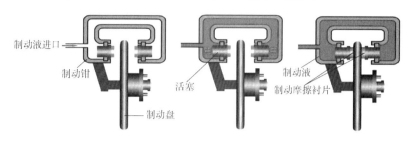

图3-9 定钳盘式制动器工作原理

(2)浮钳盘式制动器的工作原理。

如图3-10所示,制动时,制动液被压入液压缸中,在液压作用下活塞向左移动,推动活动制动摩擦衬片也向左移动并压靠到制动盘上,于是制动盘给活塞一个向右的反作用力,使活塞连同制动钳体整体沿导向销向右移动,直到制动盘左侧的固定制动摩擦衬片也压到制动盘上。这时两侧制动摩擦衬片都压在制动盘上,制动摩擦衬片夹紧制动盘,产生阻止车轮转动的摩擦力矩,实现制动。

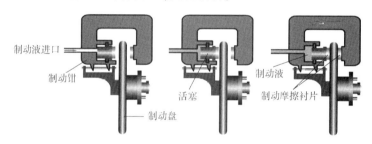

图3-10 浮钳盘式制动器工作原理

4. 鼓式制动器

1)鼓式制动器的组成

鼓式制动器主要由制动鼓、制动轮缸、制动蹄、回位弹簧等组成,如图3-11所示。

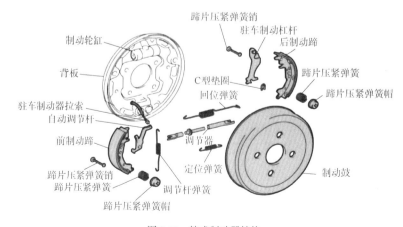

图3-11 鼓式制动器结构

2)鼓式制动器的基本工作原理

制动时,制动液推动制动轮缸里面的活塞向两侧移动,使制动蹄张开与制动鼓的内表面接触,产生摩擦力制动。松开制动时,制动液的液压力消失,回位弹簧拉动制动蹄离开制动鼓内表面,回到原位,摩擦力消失,如图 3-12 所示。

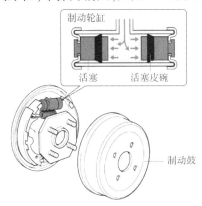

图 3-12　鼓式制动器基本工作原理

（二）制订工作方案

1. 任务分工（表 3-9）

学生任务分配表　　　　表 3-9

班级		组号		指导老师	
组长		任务分工			
组员 1		任务分工			
组员 2		任务分工			
组员 3		任务分工			
组员 4		任务分工			
组员 5		任务分工			
组员 6		任务分工			

2. 工量具、仪器设备与耗材准备

（1）使用的工量具有：_____。

（2）使用的仪器设备有：_____。

（3）使用的耗材有：_____。

3. 具体方案描述

_____

_____

_____

_____

_____

三、计划实施

(一)安全注意事项及技能要点

1. 安全注意事项

(1)实训开始前应摘掉戒指、手表、项链等首饰,脱去宽松的衣服,换上实训服。长头发应挽起,固定于脑后。

(2)实训时,确保点火开关处于 LOCK 位置,变速器处于空挡。

(3)制动片或制动蹄可能含有石棉纤维,吸入含有石棉纤维的粉尘会严重损害身体,拆装时需用湿布清除制动零件上的所有粉尘。

(4)防止制动液滴落地面,保持地面干净,以免学员滑倒。

(5)制动器拆卸后,禁止踩压制动踏板和操作驻车制动器,防止制动轮缸活塞与缸体或制动钳分离。

(6)在拆卸制动钳时,应使用铁丝挂钩支撑制动钳,以免损坏制动软管。

(7)举升车辆时应举升推荐举升部位;升降车辆过程中,禁止人员进入举升区域、车辆前后方以及车辆内;举升车辆到位后,锁止举升机。

2. 技能要点

(1)能根据盘式和鼓式制动器检查作业单,了解盘式和鼓式制动器检查的内容与作业流程。

(2)能按照制订的盘式和鼓式制动器检查作业流程,进行盘式和鼓式制动器检查作业。

(3)能掌握游标卡尺、千分尺、百分表及支架、力矩扳手的使用方法,了解工量具使用注意事项。

(4)能正确掌握制动蹄拆装专用工具的使用方法及使用注意事项。

(5)能正确分辨内、外侧制动摩擦衬片或前、后制动蹄。

(6)更换制动摩擦衬或制动蹄时,所有的制动摩擦衬或制动蹄都必须同时更换。

(二)制动器检查任务实施

1. 检查盘式制动器(表 3-10)

检查盘式制动器操作方法及说明　　　　表 3-10

步骤	操作方法及说明	质量标准及记录
检查盘式制动器	(1)制动钳拆卸:使用梅花扳手和开口扳手(或其他专用工具)松开制动钳固定螺栓,拆下制动钳,并使用挂钩将制动钳挂在减振器弹簧上。	□正确使用工具拆卸制动钳 □正确使用铁丝挂钩固定制动钳

汽车 4 万 km 维护 | 学习任务三

续上表

步骤	操作方法及说明	质量标准及记录
检查盘式制动器	(2)制动钳导销及护套检查:按压检查制动钳导销是否损坏,取下导销后检查导销护套是否有裂纹或损坏。	□正确检查制动钳导销和护套
	(3)制动钳活塞检查:检查制动钳中皮碗处是否有液体渗漏。	□正确检查制动钳活塞皮碗泄漏
	(4)制动钳活塞压回:使用一个锤柄或者专用压具将活塞推入。如果推入活塞困难,在推入活塞的同时松开放气螺栓,以便排放一些制动液。	□正确使用锤柄或者专用压具推入活塞
	(5)制动摩擦衬片支撑片检查:检查制动摩擦衬片支撑片有无变形、裂纹或损坏。	□正确检查制动摩擦衬片支撑片

141

续上表

步骤	操作方法及说明	质量标准及记录
检查盘式制动器	(6)制动盘检查：清洁并检查内、外侧制动盘上是否有刻痕、不均匀或者异常磨损以及裂纹和其他损坏。	□正确清洁并检查内、外侧制动盘
	(7)制动盘厚度测量：游标卡尺调零后，使用游标卡尺在离制动盘边缘维修手册要求位置做4个标记；千分尺调零后，使用千分尺测量制动盘厚度。	□正确使用游标卡尺和千分尺测量制动盘厚度 制动盘厚度：_____
	(8)制动盘横向跳动量测量：在离制动盘边缘维修手册要求位置做标记，正确安装百分表，转动制动盘360°找到最低点，在最低点处百分表进行调零，再转动制动盘360°，读出制动盘横向跳动量。	□正确使用百分表测量制动盘横向跳动量 制动盘横向跳动量：___ □正确判断制动盘可否继续使用

续上表

步骤	操作方法及说明	质量标准及记录
检查盘式制动器	(9)制动摩擦衬片检查与更换:使用直尺测量制动摩擦衬片的厚度。如果制动摩擦衬片的厚度低于磨损极限,则更换制动摩擦衬片。 制动摩擦衬片　　直尺 (10)制动钳安装:先安装制动摩擦衬片,然后将制动钳安装到制动钳安装支架上,并按规定力矩紧固制动钳固定螺栓	□正确使用直尺测量制动摩擦衬片厚度 制动摩擦衬片厚度测量值:_____ 制动摩擦衬片标准值:_____ □正确更换制动摩擦衬片 制动钳固定螺栓标准力矩:_____ □正确安装制动摩擦衬片及制动钳

2.检查鼓式制动器(表3-11)

检查鼓式制动器操作方法及说明　　　　　　　　　表3-11

步骤	操作方法及说明(以威驰轿车为例)	质量标准及记录
检查鼓式制动器	(1)制动鼓拆卸:在制动鼓与背板之间做标记,拆下制动鼓。 标记 (2)制动鼓检查并测量:清洁制动鼓的内表面,检查制动鼓是否有任何磨损和损坏。使用制动鼓测量规测量制动鼓内径。若制动鼓内径超过最大值,更换制动鼓。 制动鼓测量规	□正确做好标记 □正确使用制动鼓测量规测量制动鼓内径 制动鼓内径测量值:____

续上表

步骤	操作方法及说明(以威驰轿车为例)	质量标准及记录
检查鼓式制动器	(3)制动轮缸制动液渗漏检查：检查车轮制动轮缸皮碗处是否有液体渗漏。 制动轮缸 皮碗 (4)制动蹄安装情况检查。 ①清洁制动蹄摩擦片，检查制动蹄摩擦片是否有裂纹、蜕皮和损坏。 ②前后移动制动蹄，检查制动蹄移动是否灵活；检查制动蹄与背板之间的接触面是否有异常磨损；检查制动蹄、背板以及固定件之间是否生锈。 前后移动制动蹄 ③在背板和制动蹄之间的接触面上涂高温润滑油脂。 涂高温润滑油脂位置	□正确检查制动轮缸制动液渗漏 □正确检查制动蹄摩擦片使用情况 □正确检查制动蹄工作情况 □正确涂抹高温润滑油脂

续上表

步骤	操作方法及说明(以威驰轿车为例)	质量标准及记录
检查鼓式制动器	(5)制动蹄摩擦片厚度测量:使用直尺测量制动蹄摩擦片的厚度。如果厚度低于维修手册规定磨损极限,则更换制动蹄 直尺 制动蹄摩擦片	□正确使用直尺测量制动蹄摩擦片厚度 制动蹄摩擦片厚度:____ □正确判断更换制动蹄
更换制动蹄	制动蹄更换专用工具: 缺口螺丝刀　槽口螺丝刀　带钩丁字杆 (1)用制动蹄拆卸专用工具(带钩丁字杆)拆下复位弹簧。 带钩丁字杆 复位弹簧 调节器 制动蹄 (2)从制动蹄上取下调节器和复位弹簧总成。 复位弹簧　调节器	□正确认识制动蹄更换专用工具 □正确使用带钩丁字杆拆下复位弹簧 □正确取下调节器和复位弹簧总成

续上表

步骤	操作方法及说明(以威驰轿车为例)	质量标准及记录
更换制动蹄	(3)左手按住前制动蹄背板上的前制动蹄压紧弹簧销,右手拿槽口螺丝刀用力顶前制动蹄压紧弹簧帽,旋转槽口起子90°,使前制动蹄压紧弹簧帽与前制动蹄压紧弹簧销脱开,取下前制动蹄压紧弹簧帽、前制动蹄压紧弹簧和前制动蹄压紧弹簧销。 制动器背板 蹄片压紧弹簧 蹄片压紧弹簧帽 槽口螺丝刀 (4)拆下定位弹簧,取下前制动蹄总成,并用尖嘴钳分离前制动蹄调节杆弹簧。 调节杆弹簧　前制动蹄　定位弹簧 (5)用拆卸前制动蹄同样方法,拆下后制动蹄压紧弹簧帽、压紧弹簧和压紧弹簧销。 (6)用尖嘴钳拉住驻车制动器拉索,使驻车制动器拉索与驻车制动杠杆分离,拆下后制动蹄总成。 后制动蹄　尖嘴钳　驻车制动器拉索　驻车制动杠杆 (7)用平嘴钳撬开C型垫圈,使后制动蹄与驻车制动杠杆分离。 后制动蹄 C型垫圈 驻车制动杠杆 平嘴钳	□正确拆卸前制动蹄 □正确分离前制动蹄调节杆弹簧 □正确拆卸后制动蹄 □正确分离驻车制动器拉索与驻车制动杠杆 □正确使用平嘴钳撬开C型垫圈

续上表

步骤	操作方法及说明（以威驰轿车为例）	质量标准及记录
更换制动蹄	（8）更换同款新的前、后制动蹄。 （9）用新的C型垫圈连接后制动蹄和驻车制动杠杆。 （10）用缺口螺丝刀将前制动蹄调节杆弹簧安装到前制动蹄上。 前制动蹄 调节杆弹簧 自动调节杆 缺口螺丝刀 （11）使用尖嘴钳将后制动蹄驻车制动杠杆安装到驻车制动器拉索上。 尖嘴钳 驻车制动杠杆 驻车制动器拉索 （12）用拆卸前、后制动蹄相反的顺序，将前、后制动蹄压紧弹簧帽、压紧弹簧、压紧弹簧销和前、后制动蹄总成安装到制动器背板上，并连接定位弹簧。 压紧弹簧帽　　　压紧弹簧帽 压紧弹簧销　　　压紧弹簧销 槽口螺丝刀	□ 正确识别同款新的前、后制动蹄 □ 正确更换新的C型垫圈 □ 正确用缺口螺丝刀安装前制动蹄调节杆弹簧 □ 正确使用尖嘴钳将后制动蹄驻车制动杠杆安装到驻车制动器拉索上 □ 正确安装后制动蹄

续上表

步骤	操作方法及说明(以威驰轿车为例)	质量标准及记录
更换制动蹄	(13)安装调节器前,给调节器上涂抹润滑脂。 复位弹簧、调节器、润滑脂、毛刷 (14)安装调节器和复位弹簧总成 前制动蹄　缺口螺丝刀　复位弹簧　调节器　后制动蹄	□正确给调节器上涂抹润滑脂 □正确安装调节器和复位弹簧总成
安装制动鼓及间隙调整	(1)对准标记,测量制动鼓内径,转动调节器将制动蹄外径调整到大约比制动鼓内径小1mm,安装制动鼓。 标记　调节器　游标卡尺 (2)手动调整蹄鼓间隙:拆卸孔塞,使用一把螺丝刀,转动调节螺帽并扩展制动蹄片直到制动鼓锁定。将调整螺母退回到规定的槽口数,规定的槽口数请参照维修手册,安装孔塞 孔塞　自动调节杆　自动调节杆 调节器　调节器 张开　收紧	□正确安装制动鼓 □正确调节蹄鼓间隙

3. 检查制动拖滞(表3-12)

检查制动拖滞操作方法及说明　　　　　　　　　　表3-12

步骤	操作方法及说明	质量标准及记录
检查制动拖滞	（1）在前后制动器上，临时安装两颗轮胎螺母。操作驻车制动杆数次并且踩下制动踏板数次，以便制动片充分下陷。 （2）踩下制动踏板或拉起驻车制动杆，转动前后制动盘，前后制动盘无法转动。松开制动踏板或驻车制动杆，解除制动，顺时针、逆时针360°转动前后制动盘，应无卡滞现象	□正确操作驻车制动杆和踩下制动踏板数次 □前后制动盘无卡滞现象

四、评价反馈(表3-13)

评价表　　　　　　　　　　表3-13

评分项目	评分标准	分值(分)	得分(分)
学习目标	能明确本任务的知识、技能、素养目标，理解任务在工作中的重要程度	5	
工作任务分析	能清晰描述完成本次工作任务内容	2	
	能清晰描述完成本次工作任务需必备的技能与知识点	2	
有效信息获取	能正确描述车轮制动器的作用	4	
	能正确描述车轮制动器的分类	2	
	能正确描述盘式制动器的主要组成部件	6	
	能正确描述鼓式制动器的主要组成部件	4	
实施方案制订	能清晰地制订并填写本次车轮制动器检查的准备作业计划	5	
	能组织或协同工作小组成员，明确本次任务所需仪器设备、工具、材料的准备与清点，并准备记录	5	
	能组织或协同工作小组成员交流，优化检查方案并记录	5	
任务实施	能独立完成盘式制动器的拆卸	3	
	能独立完成盘式制动器的各项检查	5	
	能正确使用千分尺测量制动盘的厚度	4	

续上表

评分项目	评分标准	分值(分)	得分(分)
任务实施	能正确使用百分表测量制动盘的跳动量	4	
	能独立完成制动摩擦衬片的检查与更换	4	
	能独立完成盘式制动器的安装	3	
	能独立完成鼓式制动器的拆卸	4	
	能正确使用鼓式制动器拆装专用工具	5	
	能独立完成鼓式制动器的各项检查	4	
	能独立完成鼓式制动器的蹄鼓间隙调整	4	
	能独立完成鼓式制动器的安装	4	
任务评价	能通过本次任务实施,结合自己在实训过程中的表现,进行自我评价及自我反思并记录	3	
职业素养	按规定时间完成项目作业	2	
	遵守实训室管理规定、劳动纪律	2	
	积极参与课堂活动、回答问题	2	
	能够按时出勤	2	
	独立完成作业前个人和车辆防护、作业后实施"8S"管理	2	
思政要求	爱岗敬业、尊重教师、团结同学、按文明生产规则进行操作,按规矩办事、做好交流沟通、展示良好的工匠精神和职业素养	5	
	总计	100	

改进建议:

教师签字:
日期:

学习活动3 制动液更换

一、明确任务

根据任务描述,客户汽车到达厂家进行4万km维护,在更换制动摩擦衬片或制动蹄摩擦片后,需要对汽车制动液进行更换,使其恢复正常使用性能。

二、工作准备与计划制订

(一) 知识准备

1. 制动液的作用

制动液的作用主要是在汽车的液压制动系统中传递_____并使车轮制动器实现_____，同时制动液还要具有传递能量、散热、防腐、防锈、润滑等作用。

2. 制动液的分类及等级

汽车制动液一般分为3类：_____、_____、_____。合成型制动液是目前使用最多的制动液，又可分为3类：_____、_____和_____。根据《机动车辆制动液》(GB 12981 2003)，将制动液分为_____、_____、_____等级，分别对应国际上的_____、_____、_____等级，如图3-13所示。制动液等级越高，安全保障性越好。一般微型、中低档汽车适宜选用符合_____等级的制动液，而中高档汽车适宜选用符合_____等级的制动液，特殊要求汽车使用_____等级的制动液。

DOT3/HZY3　　DOT4/HZY4　　DOT5/HZY5

图3-13　制动液等级

3. 制动液的更换周期

制动液在使用一定时间后，会出现沸点降低、污染及不同程度的氧化变质，应根据气候条件、环境条件、季节变化及工况等及时检查其质量性能，做到及时更换，一般情况下是_____或者_____更换一次制动液。

(二) 制订工作方案

1. 任务分工 (表3-14)

学生任务分配表　　　　　　　　　　　　　　表3-14

班级		组号		指导老师	
组长		任务分工			
组员1		任务分工			

续上表

班级		组号		指导老师	
组员2		任务分工			
组员3		任务分工			
组员4		任务分工			
组员5		任务分工			
组员6		任务分工			

2. 工量具、仪器设备与耗材准备

(1)使用的工量具有：_____。

(2)使用的仪器设备有：_____。

(3)使用的耗材有：_____。

3. 具体方案描述

_____

_____

_____

_____

三、计划实施

(一)安全注意事项及技能要点

1. 安全注意事项

(1)实训开始前应摘掉戒指、手表、项链等首饰,脱去宽松的衣服、换上实训服。长头发应挽起,固定于脑后。

(2)认真检查制动液更换工具,确保能正常使用。避免制动液泄漏滴落地面,应及时清理,防止学员滑倒。

(3)实训时,确保点火开关处于 LOCK 位置。

(4)制动液更换过程中,不要让制动液溅洒在车辆上,否则可能损坏油漆,如果制动液已经溅洒在漆层上,应立即用水清洗。

(5)制动液对人体皮肤有腐蚀性,如果制动液溅洒在皮肤上,应及时用水清洗。

(6)举升车辆时应举升推荐举升部位;升降车辆过程中,禁止人员进入举升区域、车辆前后方以及车辆内;举升车辆到位后,锁止举升机。

2. 技能要点

(1)能根据制动液更换作业单,了解制动液更换的内容与作业流程。

(2)能按照制订的制动液更换作业流程进行制动液更换作业。
(3)能掌握气压表及深度规的使用方法,了解工量具使用注意事项。
(4)能正确掌握制动液更换工具、注射器、诊断仪的使用方法及使用注意事项。
(5)装有电子控制制动系统(ECB)的车辆,不使用智能检测仪进行制动液更换时,必须进入ECB无效模式,否则无法进行制动液更换。

(二)制动液更换任务实施

制动液更换

1. 检查制动液液位

制动液液位检查参见表1-21。

2. 更换制动液(表3-15)

更换制动液操作方法及说明　　　　　　　　　　　表3-15

步骤	操作方法及说明	质量标准及记录
使用制动液更换工具更换制动液	制动液更换工具: 抽油壶　加油壶　放油管　抽油管　气管接头 (1)拆下制动液储液罐加注口盖总成,安装制动液抽油壶,将储液罐里的制动液全部抽出。	□正确使用制动液更换工具 □正确安装制动液抽油壶,全部抽出储液罐里的制动液
	(2)将新的1L制动液倒入加油壶,并将加油壶安装到制动液储液罐上,打开加油壶阀门。	□正确安装加油壶
	(3)按照右后轮、左后轮、右前轮、左前轮放油顺序,连接制动液放油管接头与制动卡钳放气螺栓,并松开放气螺栓。	□正确连接制动液放油管接头与制动卡钳放气螺栓

153

续上表

步骤	操作方法及说明	质量标准及记录
使用制动液更换工具更换制动液	气泵气管、抽油壶、放气螺栓、梅花扳手、放油管 (4)将制动液抽油壶连接到气泵气管上,打开抽油壶球阀开关进行制动液更换,直到油管内流出的制动液中没有气泡且干净为止。时刻注意储液罐和加油壶内的制动液,必要时及时添加。 (5)紧固放气螺栓,关闭抽油壶球阀开关,取下放油管接头。 (6)检查制动液液位是否在MAX和MIN之间。 (7)拆下加油壶,安装制动液储液罐加注口盖总成	□正确排放制动液 □正确紧固放气螺栓 □正确检查制动液液位
手工更换制动液	(1)打开制动液储液罐,使用注射器把储液罐里面的制动液全部抽出。 (2)将新的1L制动液倒满储液罐。注意加满即可,防止溢出。 (3)二人配合操作:一人在车内负责踩制动踏板,另一人在车外开关放气螺栓进行制动液排放。车内人员反复踩制动踏板,直到制动踏板变硬,并踩住制动踏板不要松开;车外人员松开放气螺栓,等制动液喷净后拧紧,并通知车内人员再次踩制动踏板。反复以上操作,直到放出的制动液无气泡且干净为止。时刻注意储液罐内的制动液液位,必要时及时添加。 (4)按照右后轮、左后轮、右前轮、左前轮放油顺序,依次排放制动液,并紧固放气螺栓。 (5)检查制动液液位是否在MAX和MIN之间。 (6)安装制动液储液罐加注口盖总成	□正确使用注射器 □正确加注制动液 □正确实施二人配合制动液更换操作 □按正确顺序更换制动液 □正确检查制动液液位

续上表

步骤	操作方法及说明	质量标准及记录
使用诊断仪更换制动液（以丰田卡罗拉双擎为例）	（1）拆下制动液储液罐加注口盖总成。 （2）向储液罐加注制动液，使液位在制动液储液罐的 MAX 和 MIN 之间。 （3）将诊断仪连接到 DLC3，然后将电源开关置于 ON（IG）位置。 （4）打开诊断仪并进入以下菜单： Chassis/ABS/VSC/TRC/Air Bleeding。 进入Chassis(底盘)　　进入ABS/VSC/TRC　　进入Air Bleeding(放气) （5）在诊断仪上选择"Usual air bleeding"，并按诊断仪的说明更换制动液。 （6）更换制动液后，紧固各放气螺栓。 （7）清除DTC，关闭诊断仪并将电源开关置于OFF位置。 （8）检查制动液液位是否在 MAX 和 MIN 之间。 （9）安装制动液储液罐加注口盖总成	□ 正确加注制动液 □ 正确连接诊断仪 □ 正确使用诊断仪更换制动液 □ 正确使用诊断仪清除 DTC

四、评价反馈（表3-16）

评价表　　　　　　　　　　　　　　　　　　　　　　　表3-16

评分项目	评分标准	分值(分)	得分(分)
学习目标	能明确本任务的知识、技能、素养目标，理解任务在工作中的重要程度	5	
工作任务分析	能清晰描述完成本次工作任务内容	2	
	能清晰描述完成本次工作任务需必备的技能与知识点	2	
有效信息获取	能正确描述制动液的作用	7	
	能正确描述制动液的分类及等级	15	
	能正确理解制动液的更换周期	2	
实施方案制订	能清晰地制订并填写本次制动液更换的准备作业计划	5	
	能组织或协同工作小组成员，明确本次任务所需仪器设备、工具、材料的准备与清点，并准备记录	5	
	能组织或协同工作小组成员交流，优化检查方案并记录	5	

续上表

评分项目	评分标准	分值(分)	得分(分)
任务实施	能独立完成制动液检查	2	
	能正确使用制动液更换工具	4	
	能使用工具独立完成制动液更换	6	
	能二人配合手工完成制动液更换	6	
	能正确使用诊断仪	2	
	能独立使用诊断仪完成制动液更换	6	
	能规范检查制动液更换结果	3	
任务评价	能通过本次任务实施,结合自己在实训过程中的表现,进行自我评价及自我反思并记录	3	
职业素养	按规定时间完成项目作业	2	
	遵守实训室管理规定、劳动纪律	2	
	积极参与课堂活动、回答问题	2	
	能够按时出勤	2	
	独立完成作业前个人和车辆防护、作业后实施"8S"管理	2	
思政要求	爱岗敬业、尊重教师、团结同学、按文明生产规则进行操作,按规矩办事、做好交流沟通,展示良好的工匠精神和职业素养	5	
总计		100	

改进建议:

教师签字:

日期:

学习活动 4 冷却液更换

一、明确任务

根据任务描述,客户汽车到达厂家进行 4 万 km 维护,发现发动机有冷却液泄漏现象,经专业维修技师的检查主要是冷却系统出现故障。经修复,需要对冷却液进行更换,使其恢复正常使用性能。

二、工作准备与计划制订

(一)知识准备

1. 冷却液的组成

冷却液是_____、_____和_____的混合物,如图 3-14 所示。最常用的防冻剂是乙二醇,乙二醇是一种无色、透明、稍有甜味、具有吸湿性的黏稠液体,它能以任何比例与水相溶。冷却液中还添加有_____、_____等各种添加剂成分。

2. 冷却液的种类

根据防冻剂的不同,常见的冷却液可分为_____冷却液和_____冷却液两种,乙烯乙二醇冷却液有毒性,一般呈绿色;丙烯乙二醇冷却液无毒性,一般呈红色或橘黄色。

根据使用寿命不同,冷却液分为_____和_____,长效冷却液呈金黄色。品质良好的冷却液通常色泽亮丽,接近标准色,同时还有芳香气味;变质的冷却液通常灰白色或褐色,有一层油状膜,如图 3-15 所示。

图 3-14　冷却液　　　　图 3-15　长效冷却液和常规冷却液

3. 冷却液的更换周期

冷却液一般情况下是_____或者_____更换一次。在实际的驾驶过程中,由于汽车的行驶情况不同,导致更换冷却液的周期也有不同,需要对冷却液进行检查,根据实际情况合理更换冷却液,避免因冷却液异常影响发动机的冷却性能。

4. 冷却液的冰点和沸点

冷却液由液态凝结成固态的温度称为冷却液的_____,又称为冷却液的_____,沸腾时的温度称为冷却液的沸点。冷却液中防冻剂的比例不同,其冰点与沸点也不同。

5. 冰点仪的使用

冰点仪主要由_____、棱镜座、盖板、_____、镜筒和手柄、_____及_____组成。工业系列冰点仪应用于汽车_____、_____、_____的检测上,如图 3-16 所示。

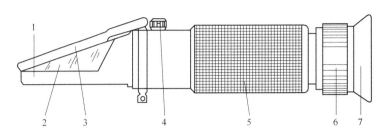

图 3-16 冰点仪结构

1-棱镜座;2-检测棱镜;3-盖板;4-调节螺丝;5-镜筒和手柄;6-视度调节手轮;7-目镜

冰点仪的使用步骤如下：

(1) 测量前校准。掀开盖板,用干净纸巾清洁冰点仪检测棱镜和盖板,取 1~2 滴标准液(纯净水)滴于折光棱镜上,用手轻轻按压盖板,调节目镜并观看视窗,直至视野清晰。旋转调节螺丝观看目镜观测口,上部为蓝色,下部为白色,明暗分界线应与基准线重合。

(2) 清洁标准液,滴入需测量液体 1~2 滴,步骤同上读数,读取明暗分界线的相对刻度,即为被测液体的冰点值及密度值,如图 3-17 所示。

(3) 测量完毕后,用纯净水清洗冰点仪检测棱镜和盖板,用干净纸巾清洁冰点仪检测并将冰点仪归位。

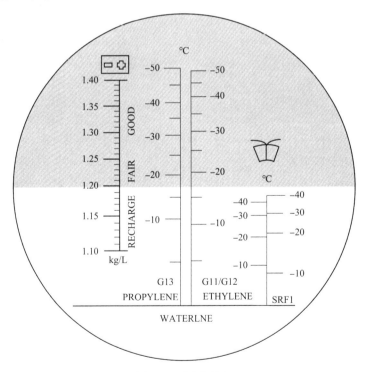

图 3-17 冰点仪视窗

(二)制订工作方案

1. 任务分工(表3-17)

学生任务分配表　　　　　　　　　　　　　表3-17

班级		组号		指导老师	
组长		任务分工			
组员1		任务分工			
组员2		任务分工			
组员3		任务分工			
组员4		任务分工			
组员5		任务分工			
组员6		任务分工			

2. 工量具、仪器设备与耗材准备

(1)使用的工量具有：_____。

(2)使用的仪器设备有：_____。

(3)使用的耗材有：_____。

3. 具体方案描述

_____
_____
_____
_____
_____

三、计划实施

(一)安全注意事项及技能要点

1. 安全注意事项

(1)实训开始前应摘掉戒指、手表、项链，脱去宽松的衣服，换上实训服，长头发应挽起固定于脑后。

(2)只有在发动机熄火时才可能正确地检查冷却液液位。

(3)当整车实训时确保点火开关处于 LOCK 位置，操作另有要求除外。

(4)当就车工作时，应施加驻车制动，除非特定操作要求置于其他挡位。

(5)举升车辆时应举升推荐举升部位；升降车辆过程中，禁止人员进入举升区域、车辆前后方以及车辆内;举升车辆到位后,锁止举升机。

(6)打开热态下的发动机冷却液储液罐盖时,注意先用湿毛巾盖住冷却液储液罐盖,慢慢旋开冷却液储液罐盖,卸掉冷却系统内的压力,再打开冷却液储液罐盖。避免在高压下拆下冷却液储液罐盖,冷却液喷出烫伤。

2.技能要点

(1)冷却液的检查应首先检查冷却液储液罐的液位是否正常。

(2)冷却液的添加,根据发动机的使用要求加注相同品牌的冷却液。

(3)冷却液加注时,要注意加注量须达到规定液位。

(4)冷却液加注后,正确实施冷却液排空作业。

(二)冷却液更换任务实施

1.冷却液的排放(表3-18)

冷却液更换

表3-18 冷却液的排放操作方法及说明

步骤	操作方法及说明	质量标准与记录
打开冷却液储液罐盖	打开冷却液储液罐加注口盖;逆时针旋转打开冷却液储液罐加注口盖,将储液罐盖放至安全位置	□正确找到冷却液储液罐盖的安装位置 □正确清洁并拆卸储液罐盖
排放冷却液	(1)拆卸排放塞:举升车辆,拆卸散热器上的排放塞,排放冷却液。 (2)冷却液排放干净后,紧固排放塞	□正确举升车辆 □正确使用冷却液收集器收集冷却液 □正确紧固排放塞

2. 冷却液的加注(表3-19)

冷却液的加注操作方法及说明　　　　　　　　　　　　表3-19

步骤	操作方法及说明	质量标准与记录
加注冷却液	(1)降下车辆,加注规定数量的冷却液。 (2)安装冷却液储液罐盖。 (3)起动发动机,用手按压进水和出水散热器软管若干次,以排出空气	□正确使用符合要求的冷却液 □正确加注规定数量的冷却液 □正确安装冷却液储液罐盖 □正确进行冷却液排空

3. 冷却液更换的复检(表3-20)

冷却液更换的复检操作方法及说明　　　　　　　　　　表3-20

步骤	操作方法及说明	质量标准与记录
复检冷却液	(1)检查冷却液储油罐液位,应在维修手册规定范围内。 (2)将发动机预热到正常工作温度,检查冷却液管路是否泄漏 (3)检查冷却液冰点	□正确检查冷却液储油罐液位 □正确检查冷却液泄漏情况 □使用正确方法检查冷却液的冰点 冰点标准值:_____ 冰点测量值:_____

四、评价反馈(表3-21)

评价表　　　　　　　　　　　　　　　　　　　　　　　　　　　表3-21

评分项目	评分标准	分值(分)	得分(分)
学习目标	能明确本任务的知识、技能、素养目标,理解任务在工作中的重要程度	5	
工作任务分析	能清晰描述完成本次工作任务内容	2	
	能清晰描述完成本次工作任务需必备的技能与知识点	2	
有效信息获取	能查阅资料,准确填写使用工具	5	
	能识读维修手册,准确填写冷却液更换的作业项目、作业内容	5	
	能查阅资料,正确识别并填写使用仪器	5	
	能查阅资料,正确识别并填写使用耗材	5	
实施方案制订	能清晰地制订并填写本次实训工作计划	5	
	能组织或协同工作小组成员,明确本次任务所需仪器设备、工具、材料的准备与清点,并准备记录	5	
	能组织或协同工作小组成员交流,优化检查方案并记录	5	
任务实施	能规范地进行作业前现场环境检查,并记录	4	
	能检查并规范穿戴个人防护用具,并记录	4	
	能规范检查冷却液液面高度	5	
	能规范排放冷却液并记录	5	
	能规范使用加注制动液更换设备,并记录	5	
	能规范使用举升机,并记录	5	
	能规范冷却液进行复检,并记录	5	
	能规范8S管理规范,并记录	5	
任务评价	能通过本次任务实施,结合自己在实训过程中的表现,进行自我评价及自我反思并记录	3	
职业素养	按规定时间完成项目作业	2	
	遵守实训室管理规定、劳动纪律	2	
	积极参与课堂活动、回答问题	2	
	能够按时出勤	2	
	独立完成作业前个人和车辆防护、作业后实施"8S"管理	2	

续上表

评分项目	评分标准	分值(分)	得分(分)
思政要求	爱岗敬业、尊重教师、团结同学、按文明生产规则进行操作,按规矩办事,做好交流沟通,展示良好的工匠精神和职业素养	5	
总计		100	

改进建议:

教师签字:
日期:

学习活动 5　燃油滤清器更换

一、明确任务

根据任务描述,客户汽车到达厂家进行4万km维护,在完成首次维护作业项目的基础上,需要对汽车燃油滤清器进行更换,使其恢复正常使用性能。

二、工作准备与计划制订

(一)知识准备

1.燃油滤清器的作用

燃油滤清器的作用是过滤燃油中的杂质,并使油水分离,防止喷油器的堵塞。减少机械磨损,确保发动机稳定运行,提高发动机的工作可靠性,如图3-18所示。

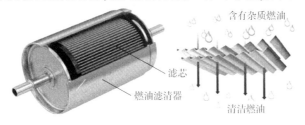

图3-18　燃油滤清器作用

2.燃油滤清器的组成

燃油滤清器由_____、_____、_____和_____等组成,如图3-19所示。

3.燃油滤清器的分类

燃油滤清器根据使用的燃料不同分为_____和_____两种,如图3-20a)、b)所示。汽油滤清器又分为_____、_____、_____三种,如图3-21a)、b)、c)所示。

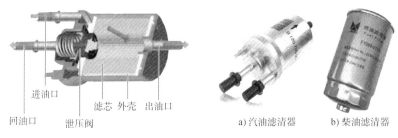

图3-19 燃油滤清器结构   图3-20 燃油滤清器类型

a) 直进直出式   b) 带回油管路式   c) 集成油泵总成式

图3-21 汽油滤清器类型

4.燃油滤清器的更换周期

燃油滤清器一般在汽车每行驶_____更换一次,集成油泵总成式汽油滤清器一般_____更换一次,具体更换周期参见厂家维修手册。

(二)制订工作方案

1.任务分工(表3-22)

学生任务分配表　　　　表3-22

班级		组号		指导老师	
组长		任务分工			
组员1		任务分工			
组员2		任务分工			
组员3		任务分工			
组员4		任务分工			
组员5		任务分工			
组员6		任务分工			

2. 工量具、仪器设备与耗材准备

(1)使用的工量具有：_____。

(2)使用的仪器设备有：_____。

(3)使用的耗材有：_____。

3. 具体方案描述

_____

_____

_____

_____

_____

三、计划实施

(一)安全注意事项及技能要点

1. 安全注意事项

(1)实训开始前应摘掉戒指、手表、项链等首饰,脱去宽松的衣服、换上实训服。长头发应挽起,固定于脑后。

(2)按正确的方法使用油管夹,避免燃油溢出。

(3)拆卸燃油滤清器时,确保点火开关处于 LOCK 位置。

(4)实训时,严禁任何形式的火源出现。

(5)举升车辆时应举升推荐举升部位;升降车辆过程中,禁止人员进入举升区域、车辆前后方以及车辆内;举升车辆到位后,锁止举升机。

2. 技能要点

(1)能根据燃油滤清器更换作业单,了解燃油滤清器更换的内容与作业流程。

(2)能按照制订的燃油滤清器更换作业流程进行燃油滤清器更换作业。

(3)能用正确的方法释放燃油系统油压。

(4)能正确运用油管夹进行燃油管路夹紧作业。

(5)能正确安装燃油滤清器,不能将其进出油口装反。

(6)能正确进行旧燃油滤清器的处理。

(二)燃油滤清器更换

更换燃油滤清器操作方法及说明见表3-23。

燃油滤清器检查与更换

更换燃油滤清器操作方法及说明　　　　　　　表 3-23

步骤	操作方法及说明	质量标准及记录
更换燃油滤清器	（1）拔出燃油泵继电器或熔断丝，使燃油泵停止工作。起动发动机，直到自燃熄火，给燃油系统泄压。 （2）断开蓄电池负极电缆。 （3）举升车辆到合适位置。 （4）清洁燃油滤清器进、出口油管接口处的污物。 （5）拆卸燃油滤清器固定支架。 （6）拆卸进、出油管。 （7）拆下燃油滤清器并环保处理燃油滤清器。 （8）选用相同型号、规格的燃油滤清器。	□正确拔出燃油泵熔断丝 □正确给燃油系统泄压 □正确断开蓄电池负极 □正确举升车辆到合适位置 □正确清洁燃油滤清器各接口处的污物 □正确拆卸燃油滤清器固定支架 □正确拆卸进、出油管 □正确环保处理燃油滤清器 □正确选用新的燃油滤清器

续上表

步骤	操作方法及说明	质量标准及记录
更换燃油滤清器	 (9)按拆卸相反顺序安装燃油滤清器。 (10)安装蓄电池负极电缆,插接燃油泵继电器或熔断丝。 (11)建立燃油系统压力	□ 正确安装新的燃油滤清器 □ 正确建立燃油系统压力

四、评价反馈(表 3-24)

评价表　　　　　　　　　　　　　表 3-24

评分项目	评分标准	分值(分)	得分(分)
学习目标	能明确本任务的知识、技能、素养目标,理解任务在工作中的重要程度	5	
工作任务分析	能清晰描述完成本次工作任务内容	2	
	能清晰描述完成本次工作任务需必备的技能与知识点	2	
有效信息获取	能正确描述燃油滤清器的作用	2	
	能正确描述燃油滤清器的分类	4	
	能正确描述燃油滤清器的组成	5	
	能正确理解燃油滤清器的更换周期	2	
实施方案制订	能清晰地制订并填写本次燃油滤清器更换的准备作业计划	5	
	能组织或协同工作小组成员,明确本次任务所需仪器设备、工具、材料的准备与清点,并准备记录	5	
	能组织或协同工作小组成员交流,优化检查方案并记录	5	
任务实施	能独立完成燃油系统泄压	5	
	能正确断开蓄电池负极电缆	5	
	能独立完成举升机举升	5	
	能正确清洁燃油滤清器各接口处的污物	4	

续上表

评分项目	评分标准	分值(分)	得分(分)
任务实施	能独立完成燃油滤清器固定支架拆卸	4	
	能正确拆下进、出油管	5	
	能正确环保处理燃油滤清器	4	
	能正确选用新的燃油滤清器	4	
	能独立完成燃油滤清器安装	4	
	能正确建立燃油系统压力	5	
任务评价	能通过本次任务实施,结合自己在实训过程中的表现,进行自我评价及自我反思并记录	3	
职业素养	按规定时间完成项目作业	2	
	遵守实训室管理规定、劳动纪律	2	
	积极参与课堂活动、回答问题	2	
	能够按时出勤	2	
	独立完成作业前个人和车辆防护、作业后实施"8S"管理	2	
思政要求	爱岗敬业、尊重教师、团结同学、按文明生产规则进行操作,按规矩办事、做好交流沟通、展示良好的工匠精神和职业素养	5	
总计		100	

改进建议:

教师签字:
日期:

学习活动6 空气滤清器和空调滤清器滤芯更换

一、明确任务

根据任务描述,客户汽车到达厂家进行4万km维护,在完成首次维护作业项目的基础上,需要对汽车空气滤清器和空调滤清器滤芯进行更换,使其恢复正常使用性能。

二、工作准备与计划制订

(一)知识准备

1. 空气滤清器

1)空气滤清器的作用

空气滤清器一般装在进气管中间、节气门前端。将吸入的空气进行_____,防止空气中的_____、_____等杂质进入发动机汽缸内,保证汽缸中进入足量、清洁的空气,同时消除一部分_____。

2)空气滤清器的分类

空气滤清器一般有_____和_____两种。由于纸质滤清器具有滤清效率高、质量轻、成本低、维护方便等优点,在轿车上广泛使用。纸质滤清器又分为_____和_____两种。干式纸质滤清器的滤芯材料为_____或_____,滤纸滤芯在轿车上比较常用,有_____和_____两种,如图3-22所示。

3)空气滤清器的组成

空气滤清器主要由_____和_____组成,如图3-23所示。其中_____是主要部分,承担着气体的过滤功能,壳体是为滤芯提供必要保护的外部结构。

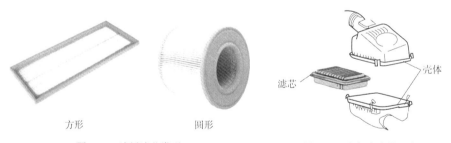

图3-22　滤纸滤芯类型　　　　图3-23　空气滤清器组成

4)空气滤清器的更换周期

空气滤清器为了增加空气通过面积,滤芯加工出许多细小的褶皱,当滤芯轻度污损时,可以使用压缩空气吹净;当滤芯污损严重时,应及时更换新的空气滤清器滤芯。一般4万~2万km或间隔1年左右更换一次,具体更换周期参见厂家维修手册。

2. 空调滤清器

参见学习活动二学习活动4中的汽车空调系统:汽车空调滤清器。

空调滤清器一般每1万km或者1年左右更换一次,具体更换周期参见厂家维修手册。

(二)制订工作方案

1. 任务分工(表3-25)

学生任务分配表　　　表3-25

班级		组号		指导老师	
组长		任务分工			
组员1		任务分工			
组员2		任务分工			
组员3		任务分工			
组员4		任务分工			
组员5		任务分工			
组员6		任务分工			

2. 工量具、仪器设备与耗材准备

(1)使用的工量具有:_____。

(2)使用的仪器设备有:_____。

(3)使用的耗材有:_____。

3. 具体方案描述

_____
_____
_____
_____

三、计划实施

(一)安全注意事项及技能要点

1. 安全注意事项

(1)在打开空气滤清器罩之前,一定要确定它是如何固定的。是用螺栓固定还是用卡扣固定的;其次,要确定有几个螺栓或卡扣,不要拆下两个螺栓或打开两个卡扣后就鲁莽地将整个罩强行拆下,损坏空气滤清器罩。

(2)拆装时,一定不要将空气和空调滤清器弯折。

(3)拆下空气滤清器后,用抹布堵住发动机侧进气口,避免灰尘或异物进入汽缸。

2. 技能要点

(1)能根据空气滤清器和空调滤清器更换作业单,了解空气滤清器和空调滤清器更换的内容与作业流程。

(2)能按照制订的空气滤清器和空调滤清器更换作业流程进行空气滤清器和空调滤清器更换作业。

(3)能正确运用气枪进行空气滤清器和空调滤清器清洁作业。

(4)能正确安装空气滤清器和空调滤清器,不能将滤芯的正反面装反。

(5)能正确进行旧空气滤清器和空调滤清器的处理。

(二)空气滤清器和空调滤清器更换任务实施

1. 更换空气滤清器(表 3-26)

更换空气滤清器操作方法及说明　　　　　　　　　　表 3-26

步骤	操作方法及说明	质量标准及记录
更换空气滤清器	(1)清洁空气滤清器壳体,检查空气滤清器壳体有无损坏。	□正确清洁空气滤清器外壳
	(2)拆卸并清洁空气滤清器:拆下空气滤清器滤芯,用抹布堵住发动机侧进气口。同时,用另一块抹布清洁空气滤清器外壳内侧。	□正确拆卸空气滤清器 □正确用抹布堵住发动机侧进气口 □正确清洁空气滤清器外壳内侧
	(3)更换并安装空气滤清器:使用同规格的新空气滤清器滤芯,检查新空气滤清器滤芯确保没有裂纹或者其他损坏,按新空气滤清器滤芯上的装配标记,正确安装空气滤清器	□正确使用同规格的新空气滤清器滤芯 □正确检查新空气滤清器滤芯 □正确安装新空气滤清器滤芯

2. 更换空调滤清器（表3-27）

更换空调滤清器操作方法及说明　　　　　　表3-27

步骤	操作方法及说明	质量标准及记录
更换空调滤清器	（1）拆卸并清洁空调滤清器：参见表2-27检查清洁空调滤清器。 （2）更换空气滤清器：使用同规格的新空调滤清器滤芯，检查新空调滤清器滤芯确保没有裂纹或者其他损坏。 （3）安装空调滤清器：参见表2-27检查清洁空调滤清器	□正确使用同规格的新空气滤清器滤芯 □正确检查新空气滤清器滤芯

四、评价反馈（表3-28）

评价表　　　　　　表3-28

评分项目	评分标准	分值(分)	得分(分)
学习目标	能明确本任务的知识、技能、素养目标，理解任务在工作中的重要程度	5	
工作任务分析	能清晰描述完成本次工作任务内容	2	
	能清晰描述完成本次工作任务需必备的技能与知识点	2	
有效信息获取	能正确描述空气滤清器的作用	4	
	能正确描述空气滤清器的分类	8	
	能正确描述空气滤清器的组成	3	
	能正确理解空气滤清器的更换周期	2	
	能正确描述空调滤清器的作用	5	
	能正确描述空调滤清器的分类	2	
	能正确描述空调滤清器的组成	2	
	能正确理解空调滤清器的更换周期	2	
实施方案制订	能清晰地制订并填写空气滤清器和空调滤清器更换的准备作业计划	5	
	能组织或协同工作小组成员，明确本次任务所需仪器设备、工具、材料的准备与清点，并准备记录	5	
	能组织或协同工作小组成员交流，优化检查方案并记录	5	

续上表

评分项目	评分标准	分值(分)	得分(分)
任务实施	能独立完成空气滤清器壳体清洁和检查	3	
	能正确拆卸和清洁空气滤清器	4	
	能独立完成空气滤清器更换与安装	5	
	能规范检查空气滤清器更换结果	3	
	能独立完成空调滤清器外壳清洁和检查	3	
	能正确拆卸和清洁空调滤清器	4	
	能独立完成空调滤清器更换与安装	5	
	能规范检查空调滤清器更换结果	3	
任务评价	能通过本次任务实施,结合自己在实训过程中的表现,进行自我评价及自我反思并记录	3	
职业素养	按规定时间完成项目作业	2	
	遵守实训室管理规定、劳动纪律	2	
	积极参与课堂活动、回答问题	2	
	能够按时出勤	2	
	独立完成作业前个人和车辆防护、作业后实施"8S"管理	2	
思政要求	爱岗敬业、尊重教师、团结同学、按文明生产规则进行操作,按规矩办事,做好交流沟通、展示良好的工匠精神和职业素养	5	
	总计	100	

改进建议:

教师签字:
日期:

学习活动7 火花塞检查与更换

一、明确任务

根据任务描述,客户到达厂家进行4万km维护,在完成首次维护作业项目的基础上,需要对火花塞进行检查与更换,使其恢复正常使用性能。

二、工作准备与计划制订

(一) 知识准备

1. 火花塞的作用

火花塞的作用是将点火线圈产生的_____引入燃烧室,并在其两个电极之间产生电火花,以点燃混合气。常见的火花塞,如图3-24所示。

2. 火花塞的类型

火花塞的类型比较多,一般有如下几类。

按照火花塞极数可分为以下两种,如图3-25所示。

(1)_____:绝缘体裙部略缩进壳体端面,侧电极全遮盖中心电极,是使用最广泛的一种,如图3-25a)所示。

(2)_____:一般有两个以上的侧电极,如图3-25b)和图3-25c)所示,有两极型和三极型;增加了电极间的相对面积,可减少电极烧蚀。优点是火花塞可靠间隙不需经常调整,适用于电极容易烧蚀和火花塞间隙不能调节的发动机上。

a) 标准型　　b) 两极型　　c) 三极型

图3-24　常见的火花塞　　图3-25　电极数分类火花塞

按照外形特点还可以分为以下三种,如图3-26a)、b)、c)所示。

a) 突出型　　b) 细电极型　　c) 细电极型

图3-26　外形特点分类火花塞

(1)_____:绝缘体裙部较长,突出于壳体端面之外。它具有吸收热量大,抗污能力好的优点,被较为广泛的采用。

(2)_____:其电极很细,特点是火花强烈、点火性能好、在严寒季节也能保证发动机迅速可靠地起动,能满足多种用途。

(3)_____:侧电极为环状,中心电极位于侧电极中心,必须与点火能量大电压升快的电子点火系统配合使用,它的缺点是可燃混合气不易接近电极,并由于点火能量增大,中心电极容易烧蚀。

按照热特性可分为以下三种,如图3-27a)、b)、c)所示。

火花塞的热特性主要取决于_____。裙部越长,受热面积越大,散热路径越长,散热困难,则裙部温度越高,称为_____,热型火花塞适用于低速、低压缩比、小功率发动机,如图3-27a)所示。

裙部越短,裙部温度越低,称为_____,冷型火花塞适用于高速、高压缩比、大功率发动机。如图3-27b)所示。热型火花塞绝缘体长度 L 一般为16~20mm,标准型火花塞[图3-27c)]的绝缘体长度 L 大于14mm,冷型火花塞的绝缘体长度小于8mm。

3. 火花塞的结构

火花塞主要由_____、壳体、接线柱、_____和_____等组成,如图3-28所示。

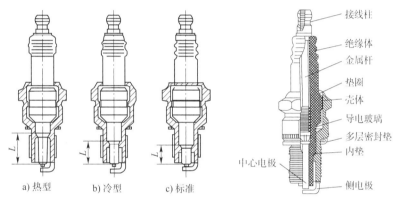

图3-27 火花塞形式　　　图3-28 火花塞的结构

4. 火花塞的使用

火花塞的寿命很短,但随着火花塞和点火装置的改进,再加上排气净化的一些措施,使火花塞的使用寿命大幅度提高,一般汽车在行驶_____之后(或每2年)需要检查火花塞,必要时更换。白金电极的火花塞使用寿命更长,一般在汽车行驶_____之内无须检查更换。

(二)制订工作方案

1. 任务分工(表3-29)

学生任务分配表　　　表3-29

班级		组号		指导老师	
组长		任务分工			
组员1		任务分工			
组员2		任务分工			
组员3		任务分工			

续上表

班级		组号		指导老师	
组员4		任务分工			
组员5		任务分工			
组员6		任务分工			

2. 工量具、仪器设备与耗材准备

（1）使用的工量具有：_____。

（2）使用的仪器设备有：_____。

（3）使用的耗材有：_____。

3. 具体方案描述

_____

_____

_____

_____

三、计划实施

（一）安全注意事项及技能要点

1. 安全注意事项

（1）当就车工作时，应施加驻车制动，除非特定操作要求置于其他挡位。

（2）热车情况下检查或更换时，注意不要直接接触火花塞，避免烫伤。

（3）正确使用火花塞拆卸和检测工作，避免火花塞掉落。

2. 技能要点

（1）能查阅维修手册，正确、规范地拆装火花塞。

（2）能正确使用火花塞间隙规测量火花塞间隙。

（3）能熟练使用万用表测量火花塞电极的绝缘情况。

（4）能根据检测结果给出合理建议。

（5）能正确选用与车型要求相符的火花塞。

（6）按要求的力矩拧紧火花塞。

(二)火花塞拆卸及检查任务实施

1. 火花塞的拆卸(表3-30)

火花塞检查与更换

表3-30 拆卸火花塞操作方法及说明

步骤	操作方法及说明	质量标准及记录
拆卸火花塞	(1)拆卸汽缸盖罩,使用套筒扳手拆卸汽缸盖罩。	□正确使用套筒扳手拆卸汽缸盖罩
	(2)附件的拆卸,拆卸上盖板附件。	□正确拆卸上盖板附件
	(3)连接器的断开,断开每个汽缸的点火线圈连接器。	□正确断开点火线圈连接器
	(4)使用套筒扳手拆卸点火线圈固定螺栓,拆下点火线圈。	□正确拆卸点火线圈
	(5)使用火花塞专用套筒扳手依次拆卸火花塞	□正确使用套筒扳手拆卸火花塞

2. 火花塞的外观检查(表3-31)

检查火花塞外观操作方法及说明　　　　　　　　　　　　表3-31

步骤	操作方法及说明	质量标准及记录
检查火花塞外观	(1)观察火花塞,如为赤褐色或铁锈色,表明火花塞正常。若为渍油状,表明火花塞间隙失调或供油过多,高压线短路或断路。若为烟熏黑色,表明火花塞冷热型选错或混合气浓,机油上窜。 (2)观察火花塞顶部与电极,若火花塞顶部与电极间有沉积物:当为油性沉积物时,说明汽缸窜机油与火花塞无关;当为黑色沉积物时,说明火花塞积炭而旁跳,当为灰色沉积物时,则是汽油中添加剂覆盖电极导致缺火。 (3)观察火花塞顶部,若火花塞顶部严重烧蚀,如顶端起疤、有黑色花纹破裂、电极熔化表明火花塞已损坏	□正确检查火花塞底部颜色 □正确检查火花塞顶部与电极间有沉积物 □正确检查火花塞顶部外观 □正确检查火花塞顶部电极熔化现象

3. 火花塞的间隙检查与调整(表3-32)

检查与调整火花塞间隙操作方法及说明　　　　　　　　　　表3-32

步骤	操作方法及说明	质量标准及记录
检查与调整火花塞间隙	(1)清洗火花塞,用汽油或煤油浸泡,待积炭软化后,用非金属刷刷净电极上以及瓷芯与壳体空腔内的积炭,用压缩空气吹干,切不可用刀刮、砂纸打磨或汽油烧,以防损坏电极和瓷质绝缘体。	□正确方法清洁火花塞

续上表

步骤	操作方法及说明	质量标准及记录
检查与调整火花塞间隙	（2）火花塞间隙检查，用塞尺测量火花塞中央电极与触点之间的距离，大众朗逸1.6车型的间隙为0.8mm～1.1mm。	□火花塞实测间隙_____mm，正确判定
	（3）火花塞间隙的调整，使用专用火花塞调整工具进行火花塞间隙的调整。需要注意使用专用工具，扳动电极时，不能扳动或者敲击中心电极，避免损坏火花塞点火性能	□正确调整火花塞间隙

4. 火花塞的性能检查（表3-33）

检查火花塞性能操作方法及说明　　　　　　表3-33

步骤	操作方法及说明	质量标准及记录
检查火花塞性能	（1）测量火花塞电极，检查火花塞的螺纹和绝缘垫片是否损坏，测量火花塞电极的绝缘情况，阻值应该是10MΩ或者无穷大。	□正确检查火花塞螺纹和绝缘垫片 □火花塞电极的绝缘实测为_____MΩ，正确判定

续上表

步骤	操作方法及说明	质量标准及记录
检查火花塞性能	（2）检查火花塞的跳火情况，断开喷油器连接器并拆出火花塞搭铁，将火花塞安装到点火线圈上，起动发动机进行火花塞跳火检查	□正确进行火花塞跳火

5. 火花塞的安装(表3-34)

安装火花塞操作方法及说明　　　　　　　　　　表3-34

步骤	操作方法及说明	质量标准及记录
安装火花塞	（1）安装火花塞，放入火花塞，并使用火花塞套筒与扭力扳手，按照维修手册要求，对火花塞施加_____ N·m的扭紧力矩，以保证发动机密封性的良好。 （2）安装高压包模组，按规范连接安装高压包模组连接器。 （3）复装发动机防尘罩，安装连接器及上盖板附件。 （4）起动发动机，检查发动机工作情况	□正确安装与紧固火花塞 □正确安装高压包模组连接器 □正确安装发动机防尘罩 □正确起动发动机

四、评价反馈(表3-35)

评价表　　　　　　　　　　表3-35

评分项目	评分标准	分值(分)	得分(分)
学习目标	能明确本任务的知识、技能、素养目标，理解任务在工作中的重要程度	5	
工作任务分析	能清晰描述完成本次工作任务内容	2	
	能清晰描述完成本次工作任务需必备的技能与知识点	2	
有效信息获取	能查阅资料，准确填写本次实训车辆的基本项目信息	5	
	能识读整车检查维护单，准确填写整车外部检查的作业项目、作业内容	5	

续上表

评分项目	评分标准	分值(分)	得分(分)
有效信息获取	能查阅资料,填写火花塞外观常见故障	5	
	能查阅资料,正确识别并填写火花塞外观问题类型	5	
实施方案制订	能清晰地制订并填写本次火花塞检查与更换的准备作业计划	5	
	能组织或协同工作小组成员,明确本次任务所需仪器设备、工具、材料的准备与清点,并准备记录	5	
	能组织或协同工作小组成员交流,优化检查方案并记录	5	
任务实施	能规范地进行作业前现场环境检查,并记录	4	
	能检查并规范穿戴个人防护用具,并记录	4	
	能规范进行检修前火花塞的拆卸,并记录	5	
	能规范对火花塞的外观进行检查,并记录	5	
	能规范检查火花塞间隙,并记录	5	
	能规范进行火花塞间隙调整,并记录	5	
	能规范进行火花塞的就车检查,并记录	5	
	能规范进行火花塞安装与预紧,并记录	5	
任务评价	能通过本次任务实施,结合自己在实训过程中的表现,进行自我评价及自我反思并记录	3	
职业素养	按规定时间完成项目作业	2	
	遵守实训室管理规定、劳动纪律	2	
	积极参与课堂活动、回答问题	2	
	能够按时出勤	2	
	独立完成作业前个人和车辆防护、作业后实施"8S"管理	2	
思政要求	爱岗敬业、尊重教师、团结同学,按文明生产规则进行操作,按规矩办事、做好交流沟通、展示良好的工匠精神和职业素养	5	
总计		100	

改进建议:

教师签字:
日期:

学习活动8　4万km维护质量检验与评估

一、明确任务

根据任务描述,客户汽车进厂经过完整的4万km检查与维护作业后,根据国家汽车维护竣工验收的基本内容要求,需对车辆进行4万km维护质量检验与评估。

二、工作准备与计划制订

(一)知识准备

1. 汽车维护质量控制的基本要求

(1)所有进厂维护或修理的车辆,都要实施三级检验制度:_____(一级检验)、_____(二级检验)和_____(三级检验)。

(2)终检时按照委托书、定期维护检查项目表,检查每一个维修项目;每一个完工的维修项目都要符合客户的要求及维修技术要求。

(3)将终检验结果记录在委托书上并签字。

(4)若检查发现完工的维修项目不符合维修技术要求,则必须返工。

(5)需要返工的维修项目,应向车间主管详细汇报,由车间主管重新分配工作。每天发生的返工应以最终质量检查报告单的形式向服务经理报告。

2. 汽车维护质量控制的工作流程(图3-29)

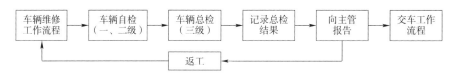

图3-29　汽车维护质量控制工作流程

3. 汽车维护各项检验的基本内容

1)自检

(1)对车辆进行维修过程中,_____进行自检。维修技师检查更换后的零部件是否有效,检查更换下来的零部件是否确实损坏,反思更换下来的零部件的损坏原因及是否会导致该故障。

(2)自检之后,_____进行互检。检查该故障是否再现,检查被拆装部位接口是否完好,检查被拆装线路连接是否完好,检查被拆装部件(车轮、发动机、转向器、悬架等)的力矩是否准确。

(3)发现没有完全解决的问题,则需继续检修。

2)班组复检

(1)班组长观察维修班组的工作情况。

(2)对维修技师在维修过程中存在的问题给予指导、纠正。

(3)对疑难故障,重点询问维修技师的诊断、判断思路。

(4)对一般故障或简单拆装,重点询问维修技师相关拆装参数及方法。

(5)使用关键仪器时,重点观察维修技师的操作是否正确、规范。

3)终检

车辆维修完工后,交付_____检验。

(1)_____:对所竣工车辆维修工作进行初步检查以及内、外部清洁的检查。

(2)_____:每日定量抽取一定比例的维护车辆和维修项目较多的车辆进行全面检验,对照《机动车维修管理规定》的要求,对二级维护、总成修理、整车修理的车辆进行竣工质量检验。

(3)_____:对所有维修车辆的安全部位进行检查,对总成零件发生故障的车辆进行相关故障排除的确认。

4.汽车维护竣工验收的基本内容(表3-36)

汽车维护竣工验收的基本内容　　　表3-36

操作步骤	服务内容和标准	管理工具	责任人
车辆检验制度	对所有进站维修维护的车辆,必须实施三级检验制度	委托书	质检员,维修技师
	总检:按照委托书及定期维护检查项目表指示的每一项维修项目进行检查	定期维护检查项目表	质检员
	检查客户要求的维修项目是否完成或故障是否排除(有必要时可以进行路试)	定期维护检查项目表	质检员
	每一个完工的维修项目都要符合维修手册的技术要求	维修手册	质检员
记录车辆检验结果	将终检确认的内容完整无缺地记录在委托书及定期维护检查项目表上并签名	委托书定期维护检查项目表	质检员
	若完工的维修项目结果不符合维修技术标准,返工时应在最终质量检查报告单中记录返工原因及必要措施	维修手册最终质量检查报告单	质检员
	如果维修技师填写的委托书及定期维护检查项目表的内容不完全,则要求补充完全	委托书定期维护检查项目表	质检员

续上表

操作步骤	服务内容和标准	管理工具	责任人
向车间主管报告	将终检结束的竣工车辆委托书及定期维护检查项目表向车间主管汇报	委托书定期维护检查项目表	质检员，车间主管
	需要返工的维修项目,应向车间主管详细汇报	委托书	质检员
返工	由车间主管重新分配工作	委托书	车间主管
	每天发生的返工以最终质量检查报告单的形式向服务经理汇报	最终质量检查报告单	服务经理

(二) 制订工作方案

1. 任务分工(表3-37)

学生任务分配表　　　　　　　表3-37

班级		组号		指导老师	
组长		任务分工			
组员1		任务分工			
组员2		任务分工			
组员3		任务分工			
组员4		任务分工			
组员5		任务分工			
组员6		任务分工			

2. 工量具、仪器设备与耗材准备

(1) 使用的工量具有：＿＿＿＿＿＿＿＿＿＿＿＿＿＿＿＿＿＿＿＿＿＿＿。

(2) 使用的仪器设备有：＿＿＿＿＿＿＿＿＿＿＿＿＿＿＿＿＿＿＿＿＿＿＿。

(3) 使用的耗材有：＿＿＿＿＿＿＿＿＿＿＿＿＿＿＿＿＿＿＿＿＿＿＿＿＿。

3. 具体方案描述

＿＿＿＿＿＿＿＿＿＿＿＿＿＿＿＿＿＿＿＿＿＿＿＿＿＿＿＿＿＿＿＿＿＿＿＿＿＿

＿＿＿＿＿＿＿＿＿＿＿＿＿＿＿＿＿＿＿＿＿＿＿＿＿＿＿＿＿＿＿＿＿＿＿＿＿＿

＿＿＿＿＿＿＿＿＿＿＿＿＿＿＿＿＿＿＿＿＿＿＿＿＿＿＿＿＿＿＿＿＿＿＿＿＿＿

＿＿＿＿＿＿＿＿＿＿＿＿＿＿＿＿＿＿＿＿＿＿＿＿＿＿＿＿＿＿＿＿＿＿＿＿＿＿

三、计划实施

(一)安全注意事项及技能要点

1. 安全注意事项

(1)严格遵守国家对车辆质量检验标准的要求,在实施车辆动态检查时,注意车辆和人员的安全。

(2)采用仪器检测时,注意仪器的使用和人员安全。

2. 技能要点

(1)严格实施跟踪检验,即在汽车 4 万 km 维护作业项目(含基本作业项目和附加作业项目)执行过程中全面地、自始至终地实施质量检验。

(2)及时做好检验记录,特别是对有配合间隙、调整数据或拧紧力矩等技术参数有要求的作业项目,要有检验数据的记载,以此作为作业过程质量监督的依据,也可为汽车竣工出厂检验提供依据和参考。

(3)应满足相应的有关技术标准或出厂说明书的有关规定。

(二)质量检验任务实施

1. 车辆静态检查(表 3-38)

车辆静态检查操作方法及说明　　　　表 3-38

步骤	操作方法及说明	质量标准与记录
车辆静态检查	(1)汽车外部、各总成外部、三滤应清洁且无油污。 (2)各总成外部紧固螺栓、螺母按规定力矩拧紧,各锁销垫可靠。 (3)发动机、变速器、转向器、驱动桥润滑油适量,各通气塞、孔畅通。 (4)各润滑点油脂加注有效,油嘴齐全、安装位置正确。 (5)离合器踏板力合适,踏板自由行程符合原厂规定。 (6)转向盘自由转动量符合《机动车安全运行技术条件》(GB7258-2017)中的规定(最高设计车速≥100km/h 的机动车,其自由转动量≤15°)。 (7)横、直拉杆球销不松旷,各部螺栓、螺母紧固、锁止可靠。 (8)前束符合原厂规定。 (9)灯光、仪表、信号稳固、齐全、有效。 (10)轮胎磨损、胎压符合规定。 (11)密封各部油、水、气密封良好,不漏电。 (12)刮水器工作有效,车门开闭灵活,锁止有效	□正确检查油污 □正确检查总成外部紧固螺栓、螺母力矩 □正确检查各种润滑油液位 □正确检查离合器踏板行程 □正确检查转向盘自由行程 □正确检查灯光、仪表、信号灯 □正确检查轮胎 □正确检查各部位密封情况 □正确检查刮水器、车门、锁止有效

2. 车辆起动检查(表 3-39)

车辆起动检查操作方法及说明　　　　表 3-39

步骤	操作方法及说明	质量标准与记录
车辆起动检查	(1)发动机动力及异响:发动机功率大于额定值的80%,运转平稳,加速圆滑,无"回火、放炮"现象,润滑油压力正常,无异响(允许有轻微的气门脚响)。 (2)离合器接合平稳、分离彻底,无打滑、振抖、异响现象。 (3)传动系:变速器、差速器、传动轴各部无异响,变速器操纵机构灵活有效、不松旷。 (4)转向系转向机构操作轻便灵活、无摆振。 (5)制动、滑行性能。 ①整车制动性能符合《机动车安全运行技术条件》(GB 7258-2017)中的规定。 ②驻车制动性能符合《机动车安全运行技术条件》(GB 7258-2017)中的规定。 ③轮毂不松旷,制动鼓不过热,以30km/h初速在平直光滑路面滑行距离>200m	□正确检查发动机动力 □正确检查发动机异响 □正确检查离合器功能 □正确检查传动系统功能 □正确检查转向系功能 □正确检查制动性能和滑行性能

3. 仪器检测(表 3-40)

仪器检测操作方法及说明　　　　表 3-40

步骤	操作方法及说明	质量标准与记录
仪器检测	(1)汽油车废气排放:CO、HC含量≤《机动车安全技术检验项目和方法》(GB 38900—2020)中的规定。 (2)车轮动平衡符合《机动车安全运行技术条件》(GB 7258—2017)中的要求。 (3)前轮定位参数符合《机动车安全技术检验项目和方法》(GB 38900—2020)中的要求(原厂要求)。 (4)综合性能上线检测,各项性能符合相关技术要求(附检测报告)	□废气排放达到标准范围 □车轮动平衡达到标准范围 □前轮定位参数达到标准范围 □综合性能达到标准范围

(三)质量评估(表 3-41)

定期维护检查项目评估表　　　　表 3-41

定期维护检查项目表			
说明:合格在结果中记"√",清洁记"C",更换记"R",建议更换记"X",未实施记"-",并在备注中说明			
序号	作业项目	结果	备注
1	发动机机油		
2	机油滤清器		
3	传动皮带		

续上表

序号	作业项目			结果	备注
4	发动机冷却液				
5	制动液				
6	变速器油				
7	蓄电池				
8	空调冷却剂量				
9	制动摩擦衬片				
10	制动盘				
11	制动管路渗漏检查				
12	悬架装置				
13	转向球节				
14	驱动轴				
15	排气管				
16	燃油管路、油箱				
17	空气滤清器				
18	空调滤清器				
19	喇叭				
20	灯光检查				
21	刮水器及洗涤器				
22	制动踏板和驻车制动器				
23	加速踏板				
24	燃油滤清器				
25	火花塞				
26	轮胎	左前	花纹	mm	
			气压	kPa	
		右前	花纹	mm	
			气压	kPa	
		左后	花纹	mm	
			气压	kPa	
		右后	花纹	mm	
			气压	kPa	
		备胎	花纹	mm	
			气压	kPa	

四、评价反馈(表 3-42)

评价表　　　　　　　　　　　　　　　　　　　　　　　　　　表 3-42

评分项目	评分标准	分值(分)	得分(分)
学习目标	能明确本任务的知识、技能、素养目标,理解任务在工作中的重要程度	5	
工作任务分析	能清晰描述完成本次工作任务内容	2	
	能清晰描述完成本次工作任务需必备的技能与知识点	2	
有效信息获取	能查阅资料,准确填写本次实训车辆的基本信息	5	
	能根据竣工检验项目及技术要求,准确填写汽车维护质量检验与评估的每个作业项目中的作业内容	5	
	能根据检验项目及技术要求,准确填写汽车维护质量检验与评估的每个检验项目中的技术要求	5	
	能根据汽车 4 万 km 维护竣工检验项目及技术要求,准确填写汽车维护质量检验与评估的每个检验项目中的检验方法	5	
实施方案制订	能清晰地制订并填写本次实训工作计划	5	
	能组织或协同工作小组成员,明确本次任务所需仪器设备、工具、材料的准备与清点,并准备记录	5	
	能组织或协同工作小组成员交流,优化检查方案并记录	5	
任务实施	能规范地进行作业前现场环境检查,并记录	4	
	能检查并规范穿戴个人防护用具,并记录	4	
	能规范进行人工检查的检验项目,并记录	8	
	能规范进行路试的检验项目,并记录	8	
	能规范进行仪器检测的检验项目,并记录	8	
	能独立完成定期维护检查项目评估表,并记录	14	
	能通过本次任务实施,结合自己在实训过程中的表现,进行自我评价及自我反思并记录	2	
任务评价	积极参与课堂活动、回答问题	2	
职业素养	按规定时间完成项目作业	2	
	遵守实训室管理规定、劳动纪律	2	
	积极参与课堂活动、回答问题	2	
	能够按时出勤	2	
	独立完成作业前个人和车辆防护、作业后实施"8S"管理	2	

续上表

评分项目	评分标准	分值(分)	得分(分)
思政要求	爱岗敬业、尊重教师、团结同学、按文明生产规则进行操作,按规矩办事、做好交流沟通、展示良好的工匠精神和职业素养	5	
总计		100	

改进建议:

教师签字:
日期:

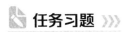

任务习题

1. 单选题

(1)检查轮胎气压所选用的工具是( )。
　　A.电压表　　　　B.电流表　　　　C.欧姆表　　　　D.气压表

(2)汽车轮胎尺寸规格标记在胎侧,比如9.00R20,其中R表示( )。
　　A.无内胎轮胎　　　　　　　　B.普通斜交轮胎
　　C.子午线轮胎　　　　　　　　D.混合花纹轮胎

(3)空气滤清器清洁用高压空气吹的正确方向为( )。
　　A.进气方向往出气方向吹　　　B.出气方向往进气方向吹
　　C.侧面　　　　　　　　　　　D.以上都对

(4)燃油滤清器分为( )和柴油滤清器两种。
　　A.空气滤清器　　　　　　　　B.汽油滤清器
　　C.空调滤清器　　　　　　　　D.机油滤清器

(5)火花塞的作用是将点火线圈产生的( )引入燃烧室。
　　A.脉冲低压电　　　　　　　　B.脉冲高压电
　　C.脉冲直流电　　　　　　　　D.脉冲交流电

(6)更换制动液时,需要完成以下作业( )。
　　A.制动液排空　　　　　　　　B.加注制动液
　　C.制动液检漏　　　　　　　　D.以上皆是

(7)电子点火系的执行器是( )。
　　A.火花塞　　　　B.点火线圈　　　C.点火控制器　　　D.传感器

(8)汽车维修质量检验时,通过一定的技术手段对维修的整车、总成、零部件等的( )特性进行测定。

  A. 参数   B. 性能   C. 质量   D. 外观

(9)冰点仪主要由检测棱镜、棱镜座、( )、调节螺栓、镜筒和手柄、视度调节手轮及目镜组成。

  A. 遮板   B. 侧盖   C. 顶盖   D. 盖板

(10)需要返工的维修项目,应向( )详细汇报。

  A. 车间主管   B. 维修技师   C. 服务经理   D. 质量检验员

2. 判断题

(1)某轮胎的规格是:175/70R15,其中"70"表示轮胎的轮辋直径。( )

(2)汽车制动液一般分为3类:醇型、矿油型、合成型。( )

(3)使用冰点测试仪放在水平安稳的表面上,确保仪器完好无损。( )

(4)火花塞表面发黑且有烧蚀斑点,表明火花塞工作正常。( )

(5)冷却液由液态凝结成固态的温度称为冷却液的凝点,又称为冷却液的冰点。( )

(6)制动液的作用主要是在汽车的液压制动系统中传递压力并使车轮制动器实现制动。( )

(7)定钳盘式车轮制动器在制动时,制动片和浮动钳体均可移动。( )

(8)鼓式制动器的旋转元件是制动鼓,其工作表面是制动鼓内圆柱面。( )

(9)驻车制动器制动鼓磨损起槽可光磨处理。( )

(10)浮钳盘式车轮制动器在制动时,浮动钳体在摩擦力的作用下向内移动,把外摩擦块压向制动盘,产生制动力。( )

3. 实操练习题

(1)完成五万 km 汽车检查与维护作业。

(2)完成六万 km 汽车检查与维护作业。

学习任务四
新能源汽车安全防护与急救

学习目标

1. 知识目标

(1) 能描述电的基本概念和基本参数。

(2) 能说出高压电与低压电的区分方法。

(3) 能描述高压电警示标识特征。

(4) 能描述触电对人体的伤害。

(5) 能说出安全防护装备的类型和作用。

(6) 能说出安全防护装备的检验和使用方法。

(7) 能说出新能源汽车高电压的接通与关闭控制。

(8) 能说出新能源汽车可能存在的突发事件以及应急处理方法。

(9) 能描述新能源汽车高压电的存在形式。

(10) 能描述新能源汽车维修作业现场的主要安全隐患。

(11) 能说出新能源汽车高压电中止与检验方法。

2. 技能目标

(1) 能正确使用高压用电的警示标识牌。

(2) 能辨识新能源汽车维修作业现场的安全隐患。

(3) 能规范地进行触电急救的操作。

(4) 能正确检验安全防护装备的性能,能用安全防护装备进行自身安全防护。

(5) 能对新能源汽车突发异常情况进行应急处理。

(6) 能规范地完成新能源汽车高压中止和检验操作。

3. 素养目标

(1) 培养学生严谨的工作态度,规范的实训8S管理,养成良好的职业行为习惯。

(2) 通过对安全防护装备、高压电相关知识和技能的理解,提高自身安全防范意识。

(3) 通过认识和演示触电急救的方法,提高自身的急救意识和救助他人的品德。

(4) 通过对新能源汽车应急处理方法的理解,提高自身处理突发事件的应变能力。

(5) 通过高压中止及检验操作,培养学生做事细心的习惯和严谨的作风。

（6）培养学生自主学习、崇尚劳动，形成有耐心、够细心、爱岗敬业的劳模精神。

参考学时

48 学时。

任务描述

新能源汽车维修工上岗前，需进行工作环境与管理制度、新能源汽车的认知与操作、高压用电安全知识等培训，确保新能源汽车维修工正确使用高压安全防护用品，保证人身与设备安全，防止事故的发生或能够完成发生事故时的应急处理。

学习活动 1　高压电认知与触电急救操作

一、明确任务

根据任务描述，维修人员在对新能源汽车维修服务之前，必须先了解高压电的特点、危害及触电急救操作方面的知识，以便胜任新能源汽车维修岗位的工作需求，并当发生有人触电时能快速、准确地完成触电急救工作。

二、工作准备与计划制订

（一）知识准备

1. 电的基本概念

电是我们日常生活中常常接触到的一种能量形式，以其快速传递信息和带动设备运转功能在现代生活中扮演着重要的角色。电是一种电子的能量，电子是带有负电荷的基本粒子，它们存在于原子中和原子周围的空间中。当电子在物质中运动时，它们便具有能量。

电荷是描述物质所带电性质的物理量，大小用_____作为单位来表示。_____和_____是电荷的两种基本类型，不同类型电荷互相吸引，相同类型电荷互相排斥。当物质带有多余的电子时，它就会带有_____。如果物质失去了电子，则会成为一个正离子带有_____。

（1）直流电，简称 DC（Direct Current），又称"_____"。恒定电流是_____和_____都不变的直流电，最先由爱迪生发现，如图 4-1 所示。1747 年，美国的富兰克林根据实验提出电荷守恒定律，并且定义了正电和负电的术语。

（2）交流电，简称为 AC（Alternating Current），也称"_____"。交流电的电流方向随时间作周期性变化，最基本的形式是正弦电流。当法拉第发现了电磁感应后，产生交流电流的方法也被法拉第同时发现，法拉第因此被誉为"交流电之父"，如图 4-2 所示。

图 4-1 爱迪生

图 4-2 法拉第

_____是指一相火线，还有一相零线，火线和零线之间的电压为 220V。_____是指三相火线，相邻火线之间的电压为 380V，没有零线。

2. 电的基本参数

1）电位和电压

在静电场或电路中，单位正电荷在电场力的作用下，从无穷远（即零电位）移到某点电场力所做的功，称为该点的_____，如图 4-3 所示。

如果电路两点间电位不同，这两个电位的差值叫作电路两点的_____。电压的单位是_____，简称伏，用符号_____表示，电压的量符号为 U。

2）电流

电荷有规则的定向运动，称为电流，正电荷运动的方向为_____，如图 4-4 所示。电流的大小用单位时间内通过导体截面电荷量的多少来度量，如果在 1s 内，穿过导体截面的电荷量为 1C，则称导体中通过的电流为 1 安培，简称为安，以符号 A 表示，电流的量符号为 I。

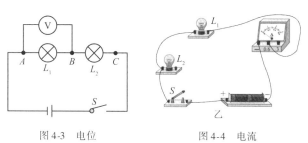
图 4-3 电位　　　　图 4-4 电流

3）电阻

电阻是电荷在物体中运动所受到的阻力，表征物质本身的导电特性，如图 4-5 所示。自然界的物质按其导电特性分为容易导电的导体,如各类金属;不容易导电的绝缘体,如木材、橡胶、塑料;介于两者之间的半导体,如硅、锗。

电阻的单位为_____,简称欧,用符号 Ω 表示,电阻的量符号为 R。

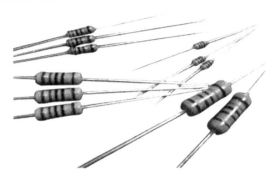

图 4-5 电阻

4) 电功

电功是指电流在一段时间内通过某一电路,电场力所做的功。计算公式是_____,W 表示电功,电功的国际单位是_____,简称焦(J)。生活中电功的单位度又称_____(kW·h),一度电等于 1kW·h 等于 3600000 焦。

5) 电功率

电功率是电流在单位时间内做功的大小或能量转换的大小。电功率用 P 表示,单位是_____,简称瓦,符号为 W。电功率等于电压与电流的乘积:_____。

3. 高压电与低压电的区分

依据国家标准《电动汽车安全要求》(GB 18384—2020)要求,考虑到空气湿度和人体在不同工作环境下的电阻,根据不同电压等级可能对人体产生的伤害和危险程度不同,在新能源汽车中将车辆电压按照类型和数值分为以下 2 个安全级别(表 4-1)。

电压的安全级别 表 4-1

电压安全级别	工作电压(单位:V)	
	DC(直流)	AC(交流)
A	$0 < U \leq 60$	$0 < U \leq 30$
B	$60 < U \leq 1500$	$30 < U \leq 1000$

_____是较为安全的电压等级,在直流中是小于或等于_____,在交流电中电压小于或等于_____,该电压下维护人员不需要采取特殊的防电保护。

_____对人体会产生伤害,被认为是高压。在该电压下必须采取必要的防护装备对维护人员进行安全保护。

4. 新能源汽车高压电警示标识

新能源汽车高压系统包括直流高压和交流高压,如图 4-6 所示。

新能源汽车安全防护与急救 | 学习任务四

图 4-6　高压电车辆的主要高压类型

　　_____主要分布在动力蓄电池到各个驱动部件的位置,如动力蓄电池到逆变器之间和动力蓄电池到高压压缩机之间连接都是_____。

　　_____主要分布在逆变器与驱动电机之间,以及充电接口与车载充电器之间。不同的是逆变器与驱动电机之间的交流高电压通常都在300V左右,而充电接口与车载充电机之间的交流高压电即为外部电网的220V电压。

　　为防止触及高压系统发生意外,新能源汽车对高压部件均采用特殊的标识或颜色,对维修人员或车主给予警示。新能源汽车通常采用两种形式进行高电压的标识警示:高压警示标识和导线颜色。

　　1)高压警示标识

　　新能源汽车的高电压组件壳体上都会带有高压警示标识,可通过标识直观看出高电压组件携带高电压可能带来危险。高压警示标识的底色为_____,边框和箭头为_____,如图4-7所示。

图 4-7　高压警示标识

　　2)高压警示颜色

　　由于高压导线可能有几米长,因此在一处或两处通过警示牌标记意义不大,售后服务人员可能会忽视这些标牌。因此,用橙色警示色标记出所有高电压导线,高电压导线的某些插头以及高电压安全插头也采用橙色设计,如图4-8所示。

　　5.触电对人体的伤害

　　触电事故是电能以电流形式作用于人体造

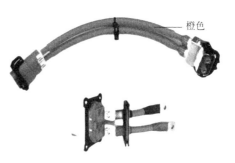

图 4-8　高压橙色导线及连接器

195

成的事故。电流对人体的热效应造成的伤害就是电烧伤。电烧伤的严重程度与通过人体的电流大小、频率、持续时间以及电流途径和人体电阻等因素有关。

1）触电与电流大小的关系

行业规定安全电压为不高于36V,持续接触安全电压为24V,安全电流为10mA,电流强度越大,致命危险越大。

（1）_____。能引起人感觉到的最小电流值称为感知电流,交流为1mA,直流为5mA。

（2）_____。人触电后能自己摆脱的最大电流称为摆脱电流,交流为10mA,直流为50mA。

（3）_____。在较短的时间内危及生命的电流称为致命电流,致命电流为50mA,电流达到数百mA时会引起心脏骤停。

2）触电与电流频率的关系

一般认为工频电流即50Hz~60Hz的电流危险性最强。

3）触电与通电时间长短的关系

触电时间越长,人体电阻因发热出汗而降低,导致人体电流增加,更容易引起心室颤动,触电时间越长,人体所受的电损伤越严重,死亡的可能性越大。

4）触电与电流途径的关系

电流流过人体的途径以经过心脏为最危险。因为电流通过心脏引起心室颤动,甚至是心脏暂停,从而使血液循环中断,导致死亡。因此从左手到胸部的电流途径最危险。

5）触电与人体电阻的关系

一般情况下,220V工频电压作用下人体的体内电阻约为1000Ω~2000Ω。皮肤越潮湿,接触越紧密,人体电阻越小,通电电流越高,危险性越强。

6．触电急救的基本方法

1）触电急救的原则

触电急救的基本原则(八字原则)：_____。

触电1min后开始救治者,90%有好的效果。6min后开始救治者,10%有良好的效果,而12min后开始救治者,救活的可能性就很小了。因此,触电急救必须分秒必争,立即就地迅速用心肺复苏法进行抢救,不应放弃现场抢救,更不能只根据没有呼吸或脉搏擅自判定伤员伤亡,放弃抢救。

2）触电急救的方法

（1）脱离电源。

触电急救,首先要使触电者迅速_____,越快越好,因为电流作用的时间越长,伤害越重。人体触电以后,触电者可能由于痉挛或失去知觉等原因而紧抓带电体,不能自己摆脱电源,操作者要因地制宜、灵活运用各种方法,带上绝缘手套正确切断电源,再使用触电分离钩帮助触电者脱离电源,防止事故扩大。触电者未脱离电源前,救护人员不准直接用手触及伤员,因为有触电的危险。如触电者处于高处,脱离电源后会自高处坠落,因此,要采取预防措施,防止_____。

(2)脱离电源后的救治。

当伤员脱离电源后,应当立即就近移至干燥通风场所检查全身情况,再根据触电者的具体情况迅速对症救护。救助的主要方法是人工呼吸和体外心脏按压法,严禁打强心针。触电伤员一般有以下四种症状,可分别给予正确的对症救治。

① 神志尚清醒,但心慌力乏,四肢麻木。

该类人员一般只需将其扶到清凉通风之处休息,让其自然慢慢恢复。但要派专人照料护理,因为有的伤员会在几 h 后会发生病变而突然死亡。

② 有心跳,但呼吸停止或极微弱。

该类人员应该采用口对口人工呼吸法进行急救,人工呼吸法可按下述口诀进行,频率是每 min 约 12 次:

清理口腔防堵塞,鼻孔朝天头后仰,如图 4-9 所示;贴嘴吹气胸扩张,放开口鼻换气畅,如图 4-10 所示。

图 4-9 清洁口腔

图 4-10 人工呼吸

③ 有呼吸,但心跳停止或极微弱。

该类人员应该采用人工胸外心脏按压法来恢复病人的心跳,如图 4-11 所示。一般可以按下述口诀进行,频率是每 min 约 60~80 次:

当胸一手掌,中指对凹膛;掌根用力向下压,压下突然收。

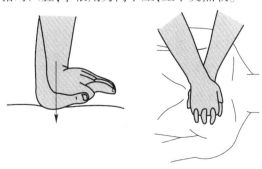
图 4-11 胸外心脏按压法

④心跳、呼吸均已停止者。

该类人员的危险性最大，抢救的难度也最大。应该把以上两法同时使用，即 CPR 心肺复苏法。方法是先吹气 2 次，再挤压心脏 30 次，如此反复交替进行，如图 4-12 所示。

图 4-12　CPR 心肺复苏

（二）制订工作方案

1. 任务分工（表 4-2）

学生任务分配表　　　　表 4-2

班级		组号		指导老师	
组长		任务分工			
组员 1		任务分工			
组员 2		任务分工			
组员 3		任务分工			
组员 4		任务分工			
组员 5		任务分工			
组员 6		任务分工			

2. 工量具、仪器设备与耗材准备

（1）使用的工量具有：＿＿＿＿＿＿＿＿＿＿＿＿＿＿＿＿＿＿＿＿＿＿＿＿＿＿。

（2）使用的仪器设备有：＿＿＿＿＿＿＿＿＿＿＿＿＿＿＿＿＿＿＿＿＿＿＿＿＿。

（3）使用的耗材有：＿＿＿＿＿＿＿＿＿＿＿＿＿＿＿＿＿＿＿＿＿＿＿＿＿＿＿。

3. 具体方案描述

三、计划实施

(一)安全注意事项及技能要点

1. 安全注意事项

(1)对触电人员进行救护时,必须按照流程规范进行,避免二次伤害。

(2)认真检查新能源汽车维修仪器设备,必须遵守相关的安全操作规程和标准,正确使用仪器设备。

(3)在接触存在高压电装置前,必须做好个人安全防护。

(4)在对触电人员进行救援时,必须先切断电源。

2. 技能要点

(1)能识别和使用高压电警示标识牌。

(2)能辨识新能源汽车维修作业现场的安全隐患。

(3)能规范地进行触电急救。

(二)高压电认知与触电急救操作任务实施

1. 辨识新能源汽车维修作业现场安全隐患(表4-3)

辨识新能源汽车维修作业现场安全隐患方法及说明　　　　表4-3

步骤	操作方法及说明	质量标准及记录
辨识新能源汽车维修作业现场的安全隐患	根据图片及新能源汽车维修实训室真实场景,判断作业现场有哪些安全隐患 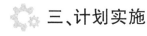	□正确叙述新能源汽车维修实训室安全隐患 □完成实训室安全隐患排查

2. CPR心肺复苏操作方法(表4-4)

CPR心肺复苏操作方法　　　　表4-4

步骤	操作方法及说明	质量标准及记录
切断电源	(1)操作者要因地制宜,灵活运用各种方法,戴上绝缘手套正确切断电源,并使用触电分离钩、绝缘手套帮助触电者脱离电源。 (2)将患者移至安全地带,平卧,双手放于胸廓两侧	□正确切断电源 □使用触电分离钩将触电者拉离触电体 □将患者移至安全地带

续上表

步骤	操作方法及说明	质量标准及记录
切断电源		
呼叫触电者	（1）操作者跪在触电者的身边，双腿分开与肩同宽。双手轻拍触电者双肩，在触电者耳边进行呼叫"先生、先生你怎么了，先生、先生你醒醒"，确认触电者是否有意识。 （2）解开触电者衣领，食指与中指并拢触摸触电者颈动脉波动（一般是在喉结旁两到三横指），触摸5s。 （3）操作者俯下身体，耳朵靠近触电者鼻孔听呼吸，眼睛看向触电者胸口是否有起伏，观察10s。 （4）直起腰口述："触电者颈动脉消失，呼吸消失，触电者无意识，快来人啊，有人触电晕倒了"	□正确呼叫触电者 □正确触摸颈动脉 □正确检查触电者呼吸情况 □触电者无意识，颈动脉消失，呼吸消失

续上表

步骤	操作方法及说明	质量标准及记录
寻求救助	举手表明身份自保(口述:"我是专业的救护人员,现在对他进行急救,你们大家有没有谁学过急救知识,来帮我一起救他,你来帮我录个像,你帮我打一下120") 	□正确寻求救助
清洁口腔、开放气道	(1)检查触电者身体状况。双手摸着触电者脖子(口述:检查颈椎,颈椎无损伤),手沿着胳膊往下移动(口述:四肢无损伤)。 (2)观察口腔有无异物。将触电者头偏向救护员一侧45°,轻拉下颚后(口述:清理口腔内分泌物,患者无活动性义齿),如图4-9所示。 (3)清理口腔。一手按压开下颌,另一只手的食指与中指并拢从一侧嘴角进入,另一侧嘴角出来清除口腔异物。可用指套或手指缠纱布清除口腔中的液体分泌物	□正确检查触电者身体状况 □正确清除口腔异物
胸外心脏按压	(1)解开触电者上衣放两边,往下拉一点裤子。 (2)双膝跪于触电者一侧,距离触电者大概一拳的位置,一腿平触电者肩部,一腿平触电者腰部。 (3)找准位置。在两乳头连线中点,将一只手放下面五指张开手指翘起,另一只手放上面握住下面的手,掌根压住中心点。操作者手臂垂直,上半身挺起来。 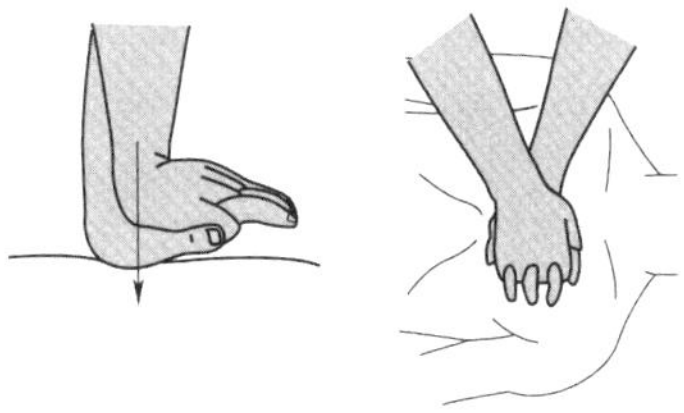 (4)开始按压急救,按压30次。按压的时候眼睛看着触电者面部 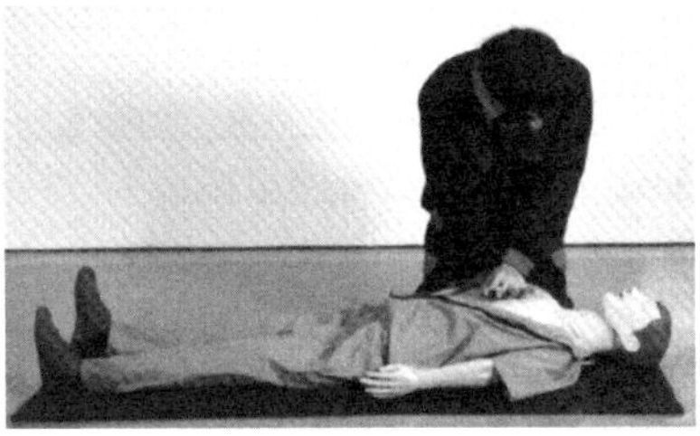	□正确找准按压位置 □正确进行心脏按压操作 □心脏按压30次

续上表

步骤	操作方法及说明	质量标准及记录
人工呼吸	(1) 采用仰头抬额法打开气道,用一只手掌掌腹压于触电者额头部,大拇指和食指压住触电者鼻子,另一只手食指和中指置于触电者下颌骨(不能在下巴的中间,要在旁边一点的位置)位置,提起触电者的头部。 (2) 人工嘴对嘴吹气。操作者把触电者的嘴巴全部包住,人工呼吸1次后把触电者鼻子松开,头偏向触电者的鼻部上面的位置听呼吸,眼睛看胸廓是否有起伏,然后再捏住鼻子进行第2次人工呼吸。 (3) 2次人工呼吸之后进行第二轮的胸外心脏按压和人工呼吸	□ 正确进行人工呼吸 □ 人工呼吸完成2次
再次判断触电者状态	(1) 用双手拍轻拍触电者双肩并进行唤醒。 (2) 一手食指与中指并拢按压在触电者颈动脉的位置5s以上检查颈动脉波动。 (3) 操作者俯下身体,耳朵靠近触电者鼻孔听呼吸,眼睛看向触电者胸廓是否有起伏,至少观察10s。然后挺起腰,看触电者面部、胸腹部。 注意:如果此时颈动脉无恢复、呼吸无恢复,则重复第5、6步骤,直至120救援到	□ 正确呼叫触电者 □ 正确检查触电者颈动脉 □ 正确检查触电者呼吸 □ 触电者恢复颈动脉、呼吸
给予触电者安慰	把触电者衣服穿好,嘴巴靠近触电者耳朵,双手轻拍触电者肩部,(口述:先生120已经在路上,请耐心等待,我会一直陪伴在你身边)	□ 正确安抚触电者 □ 120及时到达

四、评价反馈(表4-5)

评价表　　　　　　　　　　　　　　　　表4-5

评分项目	评分标准	分值(分)	得分(分)
学习目标	能明确本任务的知识、技能、素养目标,理解任务在工作中的重要程度	5	
工作任务分析	能清晰描述完成本次工作任务内容	3	
	能清晰描述完成本次工作任务需必备的技能与知识点	3	

续上表

评分项目	评分标准	分值(分)	得分(分)
有效信息获取	能查阅资料,区分高低压电	5	
	能查阅资料,准确填写识别警示标识	5	
	能查阅资料,正确有效地断开不同情况的危险电源	5	
实施方案制订	能清晰地制订实训场地安全方案	5	
	能组织或协同工作小组成员,明确任务所需仪器设备	5	
	能组织或协同工作小组成员实施触电后紧急救援方案	5	
任务实施	正确布置实训场地安全设施设备、警示标识牌	8	
	正确发现并整改有安全隐患的地方	5	
	能针对不同情况的脱离电源处理,正确处理触电急救	8	
	发现伤情不可控,能及时拨打120	5	
	能在专业医生到来前,做抢救前处理	5	
	正确实施心肺复苏	8	
任务评价	能通过本次任务实施,结合自己在实训过程中的表现,进行自我评价及自我反思并记录	3	
职业素养	按规定时间完成项目作业,积极参与课堂活动、回答问题	4	
	遵守实训室管理规定、劳动纪律、按时出勤	4	
	独立完成作业前个人和车辆防护、作业后实施"8S"管理	4	
思政要求	爱岗敬业、尊重教师、团结同学,按文明生产规则进行操作,按规矩办事、做好交流沟通、展示良好的工匠精神和职业素养	5	
总计		100	

改进建议:

教师签字:
日期:

学习活动2　安全防护装备使用与应急处理

一、明确任务

根据任务描述,维修人员对新能源汽车诊断维修时,必须提前做好个人及车辆的安全防护工作。维修人员必须熟悉新能源汽车常见安全防护装置的种类、检验和使用方法;了解新能源汽车可能存在的突发事件以及应急处理方法,确保维修人员的人身安全及故障车辆能安全可靠地恢复正常使用性能。

二、工作准备与计划制订

(一)知识准备

1. 安全防护装备的种类

现在新能源汽车都设计有防止意外触电装置,但因事故车辆存在不确定因素,且新能源汽车的高压动力蓄电池组总成始终存在高压电,因此在维修带有高压电车辆时,维修人员必须做好防止被高压电击伤的安全防护工作。

新能源汽车常见安全防护装备有:安全帽、护目镜、绝缘手套、绝缘鞋、触电分离钩、危险警示牌、危险作业隔离带、绝缘垫、除颤仪、碱性中和液、灭火器和急救包等。

1)安全帽

安全帽是用来保护头顶而戴的钢制或类似原料制造的浅圆顶帽子,防止冲击物伤害头部的防护用品。安全帽由_____、_____、_____和_____组成。帽壳呈半球形,坚固、光滑并有一定弹性,打击物的冲击和穿刺动能主要由帽壳承受。帽壳和帽衬之间留有一定空间,可缓冲、分散瞬时冲击力,从而避免或减轻对头部的直接伤害。冲击吸收性能、耐穿刺性能、侧向刚性、电绝缘性、阻燃性是对安全帽的基本技术性能的要求,安全帽如图4-13所示。

安全帽检验与使用方法如下:

(1)使用之前应检查安全帽的外观是否有裂纹、碰伤痕迹、凹凸不平、磨损。帽衬是否完整,帽衬的结构是否处于正常状态。安全帽上如存在明显缺陷就及时报废,以免影响防护作用。

(2)使用者不能随意在安全帽上拆卸或添加附件,以免影响其原有的防护性能。

图4-13　安全帽

(3)使用者不能随意调节帽衬的尺寸,这会直接影响安全帽的防护性能,落物冲击一旦发生,安全帽会因佩戴不牢脱出或因冲击后触顶直接伤害佩戴者。

(4)佩戴者在使用时一定要将安全帽戴正、戴牢,不能晃动。要系紧下颌带,调节好后箍以防安全帽脱落。

(5)不能私自在安全帽上打孔,不要随意碰撞安全帽,不要将安全帽当板凳坐,以免影响其强度。

(6)经受过一次冲击或做过试验的安全帽应报废,不能再次使用。

(7)安全帽不能在有酸、碱或化学试剂污染的环境中存放,不能放置在高温、日晒或潮湿的场所中,以免其老化变质。

(8)应注意在有效期内使用安全帽,植物枝条编织的安全帽有效期为2年,塑料安全帽的有效期限为两年半,玻璃钢(包括维纶钢)和胶质安全帽的有效期限为3年半,超过有效期的安全帽应报废。

2)护目镜

新能源汽车维修用的护目镜应该具有正面及侧面防护功能,防止维修过程中产生的电火花及电池电解液飞溅对眼睛的伤害。

在使用前需要检查护目镜的有效期、外表有无破损、镜面有无刮花等,正确佩戴,使用后擦净晾干,定点保存,如图4-14所示。

3)绝缘手套

橡胶制成的电工绝缘手套,通常需要具备两种独立的性能要求:一是在进行任何有关高电压部件或线路的操作时,能够承受1000V以上的工作电压。二是具备抗碱性,当工作中接触来自高压动力蓄电池组的氢氧化物等化学物质时,能防止这些物质对人体的伤害,如图4-15所示。

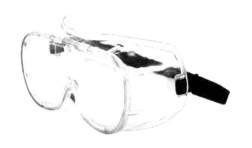
图4-14 护目镜

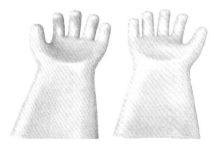
图4-15 绝缘手套

绝缘手套需要定期检验,而且在每次使用前必须进行泄漏检查。检查的方法是向手套内吹入一定的空气,将手套朝手指方向卷起,当卷到一定程度时,手套手指鼓起,挤压观察手套是否有漏气现象,检查方法如图4-16所示。

绝缘手套使用注意事项如下:

(1)检查绝缘手套是否在有效期内,性能符合国家标准;

(2)检查绝缘手套橡胶是否完好,外表无损伤破漏;

(3)检查绝缘手套有无黏胶破损或漏气现象。

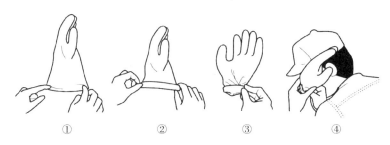

图 4-16　检查绝缘手套漏气方法

4)绝缘鞋(靴)

绝缘鞋(靴)的作用是使人体与地面绝缘,防止电流通过人体与大地之间构成通路,对人体造成电击伤害,把触电时的危险降低到最低程度。因为触电时电流是从接触点通过人体流入地面,所以电气作业时不仅要戴绝缘手套,还要穿绝缘鞋。绝缘鞋电阻值范围为_____,具有透气性能好、防静电、耐磨、防滑等功能,如图4-17所示。

绝缘鞋的检查方法与使用注意事项如下:

(1)检查绝缘鞋是否在有效期内,检查标准参数是否符合国家标准;

(2)检查绝缘鞋表面是否完好无损伤;

(3)使用后应擦拭干净,定位存放;

(4)绝缘鞋如试验不合格,则不能再穿用。

5)触电分离钩

触电分离钩又名绝缘救援钩、紧急救援钩或防触电绝缘救生钩,是基于绝缘操作杆基础上研发的一种新型救援工具。触电分离钩是专用于带电作业、高压试验、高压设备生产以及高压设备维修现场的安全救援工具,可以将触电者紧急救护脱离触电区域,如图4-18所示。

图 4-17　绝缘鞋　　　　图 4-18　触电分离钩

触电分离钩的使用方法与注意事项如下:

(1)操作者在有专人监护的同时,双手紧握操作杆,完成对触电者腰部、腋下、大腿以及容易钩挂部位且不造成二次伤害的前提下施救,拉拽即可。

(2)使用前应检查钩的有效期,外表绝缘皮有无破损变形等,使用后应擦净晾干,定位保存。

6)危险警示牌

新能源汽车的危险警示牌大多是指高压电危险警示牌,其作用是标示存在高压电的动力蓄电池和电气设备,或标识可能存在高压电的作业区域,给人警示作用。

使用前要检查标识是否清晰易辨认,使用时要摆放在显眼的地方,使用后要擦净晾干,定点存放,如图4-19所示。

图4-19　危险警示牌

7)危险作业隔离带

危险作业隔离带也称为_____或_____。可分_____和_____两种材料,用于圈定事故现场或警示特殊区域。隔离带使用方便,不会污染现场环境,颜色有红、黄、蓝、绿、白、黑、黄白、红白等,如图4-20所示。

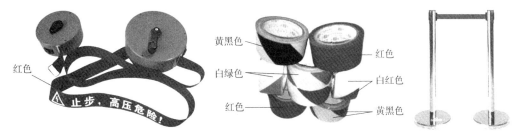

图4-20　危险作业隔离带

8)绝缘垫

绝缘垫主要用于新能源维修工位地面的铺设,起到一个绝缘的效果。雨季下雨量较大地区湿度大,绝缘防护工作就更加重要,很多高压配电室为了安全会使用高一级标准的绝缘胶垫。

绝缘垫使用前应检查有效期、电压等级、有无破损裂纹等情况,使用后擦净晾干、存放地点远离热源,如图4-21所示。

9)心脏除颤器

心脏除颤器(AED)又称电复律机,主要由_____、_____、_____、_____、_____以及_____等组成,是目前临床上广泛使用的抢救设备之一。它用脉冲电流作用于心脏,实施电击治疗,消除心律失常,使心脏恢复窦性心律,它具有疗效高、作用快、操作简便以及与药物相比较更安全等优点,如图4-22所示。

图 4-21 绝缘垫
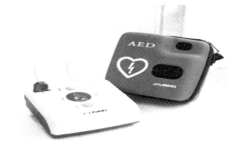
图 4-22 心脏除颤器

心脏除颤器使用方法如下：

(1)连接除颤器导线,将旋钮转向通电位置,打开电源。

(2)使病人平卧在干燥的地方,脱去病人上衣。

(3)放置两个桨形电极:先在电极板上均匀涂上导电物质,在病人胸上贴附两个桨形电极(一位于心尖部左乳头外,其中心应在左腋中线;一位于心底部胸骨右缘 2~4 肋间),确保电极和皮肤之间没有衣物或其他隔阂。

(4)除颤器开始分析。电极贴到位后,按下分析按键,除颤器会自动分析病人的心律,分析过后除颤器会报告是否需要进行电击。

(5)电击。按下机器上的电击按键,除颤器会发送电流帮助病人恢复心跳。

(6)继续心脏复苏。用除颤器对病人进行电击后,继续心脏复苏。2min 后,再用除颤器分析一次心律。重复这个步骤,直到医护人员到达。

心脏除颤器的使用注意事项如下：

(1)使用前请阅读说明书,按规范操作。

(2)检查机器及相配套的物品是否齐全,保持机器清洁。

(3)每月一次充电,每次使用后要及时充电。

(4)每次使用后要将电极板擦干净。

(5)电极板摆放的位置应避开病人溃烂或伤口部位。

(6)确认病人身上是否有心脏起搏器等金属装置。

(7)除颤电流可能会损害操作人员或旁观的人,除颤时操作人员不要接触病人或接触连接到病人的设备。

10)酸、碱性中和液

当动力蓄电池内部电解液发生泄漏时,用 PH 试纸去检查泄漏液的_____,如果是红色呈_____,则需要用碱性中和液去中和为无害液体;如果是蓝色呈_____,则需要用酸性中和液去中和为无害液体,完全中和后再进行清扫就安全无害,如图 4-23 所示。

11)灭火器

灭火器是一种可携式灭火工具,内放置化学物品,用以救灭火灾。灭火器是常见的防火设施之一,存放在公众场所或可能发生火灾的地方。不同种类的灭火器内装填的成分不一样,是专为不同的火灾起因而设的,在使用时必须注意,以免产生反效果引起生命危险,灭火器如图4-24所示。

图4-23　酸、碱性中和液　　　　　图4-24　灭火器

电气火灾一般使用_____或_____。

（1）二氧化碳灭火器。

二氧化碳灭火器主要适用于扑救甲、乙、丙类液体,可燃气体和带电设备的初起火灾。二氧化碳灭火时不污损物件,灭火后不留痕迹,所以更适合于扑救精密仪器和贵重设备的初起火灾,常用于加油站、液化气站、实验室、变配电室等场所的初期防护。二氧化碳灭火器使用方法和注意事项如图4-25所示。

❶ 提起灭火器　　❷ 拉开保险销　　❸ 用力按下手柄　　❹ 距离2.5m对准火苗根部喷

图4-25　二氧化碳灭火器使用方法

①手提灭火器的提把,迅速赶到火场,距离火源5m左右放下灭火器。

②拔掉保险销,一手握住喇叭筒根部的手柄,另一只手紧握启闭阀的压把,对没有喷射软管的二氧化碳灭火器,应把喇叭筒往上板70~90°。

③将喷管对准火焰,用力按下压把,过火面积过大时可进行扫射。

④使用过程中应始终保持直立状态,切不可平放或颠倒使用。

⑤使用时,如在室外使用应选择在上风方向喷射,不能直接用手抓住喇叭筒外壁或金属连线管,防止手被冻伤。

⑥在扑救室内火灾后,应打开门窗通风或迅速撤离,以防窒息。

⑦使用灭火器前要检查灭火器是否在有效期内,压力表压力是否符合要求,外表有无生锈破损。

⑧灭火时,当可燃液体呈流淌状燃烧时,使用者将二氧化碳灭火剂的喷流由近而远向火焰喷射。如果可燃液体在容器内燃烧,使用者应将喇叭筒提起,从容器的一侧上部向燃烧的容器中喷射。但不能将二氧化碳喷流直接冲击可燃液面,以防止将可燃液体冲出容器而扩大火势,造成灭火困难。

（2）干粉灭火器。

干粉灭火器主要适用于扑救_____、_____和_____的初起火灾,常用于加油站、汽车库、实验室、变配电室、液体站及公共建筑等场所。贮压手提式干粉灭火器使用方法及注意事项如下:

①手提灭火器的提把,迅速赶到火场,距离火源5m左右放下灭火器,因射程和喷射时间有限,灭火时要选准距离和角度尽量接近火源。若起火地点在室外,应注意占据上风方向。

②使用前先将灭火器上下颠倒几次,使筒内干粉松动。

③拔掉保险销,一手握住喷嘴,另一只手提住压把。

④喷嘴对准火焰根部,用力按下压把,进行扫射,使干粉覆盖整个燃烧区。

⑤干粉灭火器在使用过程中应始终保持直立状态,不能横卧或颠倒使用,否则不能喷粉。

⑥干粉几乎没有冷却作用,要防止复燃。

12)急救包

急救包是装有急救药品及消过毒的纱布、绷带等的小包,在人们出现意外情况下应急使用的救援物品。根据不同的环境和不同的使用对象,可以分为家用急救包、户外急救包、车用急救包、防灾急救包等,如图4-26所示。

使用前需清点急救包里面的物品是否齐全、外表有无破损,检查药品是否还在有效期内。针对具体情况具体使用,使用后整理好里面物品,及时补充。

13)绝缘工作服

维修高电压系统时,必须穿非化纤类的绝缘工作服。化纤类的工作服会产生_____,并且当发生火灾事故时,化纤会在高温环境下粘连人体皮肤,导致维护人员产生严重的二次伤害,如图4-27所示。

图4-26 急救包

图4-27 非化纤工作服

2. 新能源汽车应急处理

新能源汽车常见的应急处理有事故救援、火灾、牵引车辆和跨接起动等。

1)事故救援

在救援故障车辆前,首先用挡块挡住车轮并进行驻车制动,挂"P"挡并确认"P"挡指示灯亮;然后按POWER按钮并确认READY指示灯熄灭;再断开12V蓄电池;最后

拔掉维修开关或者HV熔断丝,这些工作完成后才可以对新能源汽车进行检测。需要注意的事项如下:

(1)在断开高压动力蓄电池后,接触高压电缆前要等待5min,等电容充分放电完毕后再进行检测。

(2)在对新能源车辆进行救援时,切记要先确认"READY"指示灯是否已经熄灭。

(3)车辆因交通事故高压电缆被撞断、金属底盘漏电、安全气囊展开等情况时,车辆的控制系统一般会自动切断电源。但为了安全起见,救援时一定要戴上绝缘手套、穿上绝缘鞋,提前做好个人安全防护工作。

2)火灾

一旦新能源车辆起火,首先应该做的是立即断电,关闭车上所有用电设备,以防线路发生更严重的短路导致火势迅速蔓延。同时迅速拨打消防电话,并且在消防救援赶到之前,在保证自身安全的情况下观察火势和起火位置,如果火苗不大,燃烧并不猛烈的情况下可以快速展开施救。

常规的ABC干粉灭火器可以用于油或电路火灾。如果只是高压动力蓄电池着火,则推荐使用二氧化碳灭火器。一旦发生大面积或大的火灾时,持续的浇水也同样适用熄灭高压动力蓄电池火灾,但是只用少量的水救援是危险的,反而会加剧高压动力蓄电池火灾的程度。

如果新能源汽车是锂离子蓄电池起火就基本无法扑灭,极度活泼的电解液会疯狂燃烧,只要开始反应就基本没有可能停止,无论是二氧化碳还是覆盖沙土都是无效的。这种时候应当远离并疏散人员,等待消防救援的到来,不要自行尝试扑灭,以防蓄电池进一步爆燃甚至爆炸。而且一定不要站在下风口,锂离子蓄电池起火燃烧之后温度能达到燃油车起火温度的两倍,还会产生大量有毒物质乃至氰化物这种剧毒物质。

3)牵引车辆

新能源汽车的驱动系统是由电机驱动车轮,驱动车轮和驱动电机有机械连接,当驱动车轮被牵引旋转时会使驱动电机转动产生电能,会损坏车辆的三相驱动电机或变速单元,因此对于这类车辆,必须严格遵守制造厂商的要求牵引。新能源汽车最正确的牵引方法是:使车辆全部平放在拖车上,然后拖到指定的位置,如图4-28所示。

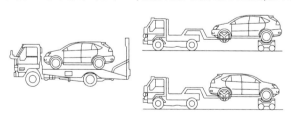

图4-28 新能源汽车牵引方式

4)跨接起动

无论是新能源汽车中的纯电动汽车还是混合动力电动汽车,其全车控制模块的供电都是通过12V蓄电池来完成的。也就是说,在新能源汽车中,除了高压动力蓄电池

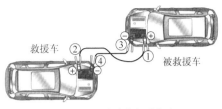

外,所有的车辆还会配置有 12V 低压蓄电池,若没有该电源,电子控制单元不能工作,车辆也没法驱动。如果纯电动汽车或混合动力电动汽车因 12V 蓄电池亏电而无法起动,则可用另一辆汽车 12V 辅助蓄电池跨接起动,如图 4-29 所示。

图 4-29 汽车跨接起动方法

(二)制订工作方案

1. 任务分工(表 4-6)

学生任务分配表　　　　　　表 4-6

班级		组号		指导老师	
组长		任务分工			
组员 1		任务分工			
组员 2		任务分工			
组员 3		任务分工			
组员 4		任务分工			
组员 5		任务分工			
组员 6		任务分工			

2. 工量具、仪器设备与耗材准备

(1)使用的工量具有:_____。

(2)使用的仪器设备有:_____。

(3)使用的耗材有:_____。

3. 具体方案描述

_____

_____

_____

_____

三、计划实施

(一)安全注意事项及技能要点

1. 安全注意事项

(1)个人安全防护用品使用前必须严格检查规格、性能,确保符合使用要求。

(2)实训前认真检查工量具、仪器设备,确保能正常使用,使用后应立即清洁,定点存放。

(3) 灭火器使用要严格按照规范操作,不可对着他人喷射。
(4) 在新能源车辆上进行操作训练时,一定要规范操作,并做好个人高压安全防护工作。

2. 技能要点
(1) 能检验新能源汽车各种安全防护装备的性能。
(2) 正确使用新能源汽车各种安全防护装备进行个人防护。
(3) 正确地整理、保管新能源汽车各种安全防护装备。
(4) 能对新能源汽车突发情况进行应急处理。

(二)安全防护装备使用与应急处理任务实施

1. 安全防护装备的检验与使用(表4-7)

安全防护装备的检验与使用操作方法及说明　　　表4-7

步骤	操作方法及说明	质量标准及记录
安全帽的检验与使用	(1) 检查安全帽外表有无破损裂纹,检查合格证确认性能是否符合国家标准。 (2) 正确佩戴、规范使用安全帽。 (3) 使用后应擦净,定位存放,如图4-13所示	□正确检查安全帽外观、性能参数 □安全帽性能检验符合使用要求 □正确佩戴、规范使用安全帽 □安全帽使用后清洁、规范存放
护目镜的检验与使用	(1) 检查护目镜是否在有效期内,检查合格证确认性能是否符合标准。 (2) 检查护目镜外表有无破损裂纹。 (3) 检查镜面是否清晰,不影响视野。 (4) 正确佩戴护目镜。 (5) 使用后应擦净、晾干,定位存放,如图4-14所示	□正确检查护目镜外表破损、裂纹、镜面脏污 □护目镜性能检验符合使用要求 □正确佩戴、规范使用护目镜 □护目镜使用后清洁、规范存放
绝缘手套的检验与使用	(1) 检查绝缘手套是否在有效期内,检查合格证确认性能是否符合国家标准。 (2) 检查绝缘手套橡胶是否完好,外表有无破损裂纹。 (3) 检查绝缘手套是否有漏气。检查的方法是向手套内吹入一定的空气,观察手套是否有漏气现象。 (4) 正确穿戴绝缘手套,将外衣的袖口放入手套的伸长部分里。 (5) 使用后应擦净、晾干,最后撒些滑石粉,避免粘连,如图4-15所示	□正确检查绝缘手套外表破损、裂纹、漏气、性能参数 □绝缘手套性能检验符合使用要求 □正确佩戴、规范使用绝缘手套 □绝缘手套使用后清洁、规范存放

续上表

步骤	操作方法及说明	质量标准及记录
绝缘鞋的检验与使用	(1)检查绝缘鞋是否在有效期内,检查合格证确认性能是否符合国家标准。 (2)检查绝缘鞋表面是否完好无损伤。 (3)检查绝缘鞋是否有沙眼、漏气等。 (4)正确穿戴绝缘鞋。 (5)使用后应擦净、晾干,定位存放,如图4-17所示	□正确检查绝缘鞋外观破损、漏气、性能参数 □绝缘鞋性能检验符合使用要求 □正确佩戴、规范使用绝缘鞋 □绝缘鞋使用后清洁、规范存放
触电分离钩的检验与使用	(1)检查触电分离钩外观是否完好,检查合格证确认性能是否符合国家标准。 (2)检查触电分离钩连接处是否松动。 (3)正确使用触电分离钩,如图4-18所示	□正确检查触电分离钩外观、性能参数 □触电分离钩性能检验符合使用要求 □正确使用触电分离钩
危险警示牌的检验、识别与使用	(1)检查危险警示牌外观是否完好,字迹、图案是否清晰。 (2)检查危险警示牌是否能稳定架起,如图4-19所示	□正确检查危险警示牌外观完好、字迹、图案清晰 □危险警示牌符合使用要求 □正确使用危险警示牌
危险作业隔离带的检验与使用	(1)检查危险作业隔离带外观是否完好。 (2)检查危险作业隔离带是否能可靠连接,如图4-20所示	□正确检查危险作业隔离带外观完好、能可靠连接 □危险隔离带符合使用要求 □正确使用危险隔离带
绝缘垫的检验与使用	(1)检查绝缘垫外观是否完好,是否有裂纹、破损。 (2)使用绝缘测试仪对绝缘垫进行绝缘性测试,如图4-21所示	□正确检查绝缘垫表面裂纹、破损 □绝缘垫绝缘性能符合使用要求
除颤器的检验与使用	(1)检查除颤器外观是否完好、配件是否齐全。 (2)检查除颤器开关机、功能是否正常。 (3)正确使用除颤器。 (4)使用后应复位、清洁整理,定位存放,如图4-22所示	□检查除颤器外观完好、配件齐全、开关机功能 □除颤器性能符合使用要求 □正确使用除颤器 □除颤器使用后及时复位、清洁、整理,合理存放

续上表

步骤	操作方法及说明	质量标准及记录
酸、碱性中和液的检验与使用	(1)检查酸、碱性中和液瓶是否有破损,是否有液体泄漏。 (2)检查酸、碱性中和液有效期是否过期。 (3)正确地使用酸、碱性中和液。 (4)及时清洁整理场地,正确储存中和液,如图4-23所示	□检查中和液瓶破损、泄漏、有效期 □中和液符合使用要求 □正确使用酸、碱性中和液 □使用后及时清洁整理场地 □正确存储中和液
灭火器的检验与使用	(1)检查灭火器瓶是否有破损。 (2)检查灭火器锁止销是否可靠。 (3)检查灭火器使用有效期。 (4)正确识别灭火器类型。 (5)正确使用灭火器灭火。 (6)灭火器存放是否规范,如图4-24所示	□检查灭火器瓶外观破损、裂纹,锁止销可靠,型号、有效期 □灭火器符合使用要求 □正确选用灭火器,完成灭火操作 □灭火器规范存放
急救包的检验与使用	(1)检查急救包内置物料是否齐全。 (2)检查急救包内置物料性能是否合格。 (3)正确地使用急救包内置物料,如图4-26所示	□检查急救包内置物料种类、功能、有效期 □正确使用急救包内置物 □合理存放急救包内置物、使用后及时补充内置物料
绝缘工作服的检验与使用	(1)检查绝缘工作服是否在有效期内,检查合格证确认工作服性能参数是否符合国家标准。 (2)检查绝缘工作服外表有无破损。 (3)正确穿戴绝缘工作服。 (4)绝缘工作服使用后应擦净、正确维护、定位存放,如图4-27所示	□正确检查绝缘工作服外表破损、性能参数 □绝缘工作服性能符合使用要求 □正确穿戴绝缘工作服 □绝缘工作服使用后清洁、规范存放

2. 新能源汽车着火应急处理演练(表4-8)

新能源汽车着火应急处理演练操作方法及说明　　　表4-8

步骤	操作方法及说明	质量标准及记录
发现火情,做出应急措施	发现火情,第一时间开始灭火	□发现火情,及时作出应急处理措施

续上表

步骤	操作方法及说明	质量标准及记录
用灭火器灭火	(1) 赶到消防灭火器箱选择正确的灭火器。 (2) 手提灭火器的提把,迅速赶到火场,距离火源 5m 左右,若起火地点在室外,应注意占据上风方向。 (3) 将灭火器上下颠倒几次,使筒内干粉松动。 (4) 拔掉铅封保险销,一只手握住喷嘴对准火势,另一只手提住压把。 (5) 用力按下压把,喷嘴对准火焰根部左右摆动进行扫射,使干粉覆盖整个燃烧区,形成浓云般的粉雾而使火熄灭。 (6) 根据火势情况,慢步向火势靠近,使火势彻底扑灭	□ 正确选取合适的灭火器 □ 占据上风方向 □ 灭火器使用前有上下晃动 □ 正确地使用灭火器灭火,喷射位置、喷射距离合理 □ 火势被扑灭

续上表

步骤	操作方法及说明	质量标准及记录
报警,疏散人群	(1)若火势不可控,立即拨打119报警,准备好消防物资,在路口迎接消防员,将现场指挥权交给消防员。 (2)获取在场的人员情况,并组织其他人员尽快疏散,在应急集合点清点人数	□火势不可控时有拨打119报警 □疏散人员并清点人数

四、评价反馈(表4-9)

评价表　　　　　　　　　　　　　　　　　表4-9

评分项目	评分标准	分值(分)	得分(分)
学习目标	能明确本任务的知识、技能、素养目标,理解任务在工作中的重要程度	5	
工作任务分析	能清晰描述完成本次工作任务内容	3	
	能清晰描述完成本次工作任务需必备的技能与知识点	3	
有效信息获取	能查阅资料,准确填写安全防护装备的种类	5	
	能查阅资料,正确填写安全防护装备的检验与使用方法	5	
	能查阅资料,正确填写新能源汽车的应急处理方法	5	
实施方案制订	能清晰地制订实训场地安全防护装备的使用说明	5	
	能制订针对实训场新能源汽车着火的应急预案	5	
任务实施	能讲述安全防护装备的作用和检查安全防护装备	5	
	能规范地使用安全防护装备进行防护	5	
	发现火情初形成,能马上行动	5	
	能针对火情选用合适灭火器	5	
	能规范使用ABC灭火器	5	

续上表

评分项目	评分标准	分值(分)	得分(分)
任务实施	喷灭火情的距离和位置合适、有效	5	
	发现火势不可控,能及时打119报警	5	
	能准备消防物资,配合消防员的指挥	5	
任务评价	能通过本次任务实施,结合自己在实训过程中的表现,进行自我评价及自我反思并记录	5	
职业素养	按规定时间完成项目作业	5	
	遵守实训室管理规定、劳动纪律	3	
	积极参与课堂活动、回答问题	2	
	能够按时出勤	2	
	独立完成作业前个人和车辆防护、作业后实施"8S"管理	2	
思政要求	爱岗敬业、尊重教师、团结同学,按文明生产规则进行操作,按规矩办事、做好交流沟通、展示良好的工匠精神和职业素养	5	
总计		100	

改进建议:

教师签字:
日期:

学习活动3 高压电中止与检验

一、明确任务

根据任务描述,维修人员在进行新能源汽车维修作业时,需要根据高压电存在的形式来区别对待相关系统的维修。例如,在纯电动汽车的动力蓄电池中会一直存在高压,因此无论什么时候进行对动力蓄电池的维修,都需要佩戴个人安全防护设备。但是对电源逆变器、高压压缩机等系统部件进行维修操作时,应当先执行高压中止操作与检验,确定这些高压系统部件不再具有高压电后,再对这些部件进行维修。

二、工作准备与计划制订

(一)知识准备

1. 新能源汽车高压电存在的形式

新能源汽车的高电压系统集中在车辆的_____、_____,以及带有插电功能的_____。维修车辆时,需要根据高压电存在的形式来区别对待。根据高电压存在的形式分类,新能源汽车高电压系统的高电压主要有_____、_____以及_____三种存在形式,如图4-30所示。

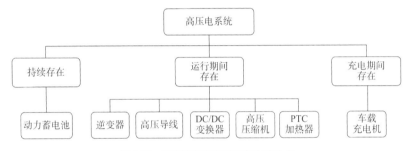

图4-30 新能源汽车高压电存在的形式

1)持续存在高压电

新能源汽车的动力蓄电池持续存在高电压,即使当车辆停止运行期间,由于动力蓄电池始终存储有_____,当满足动力蓄电池的放电条件后,将继续对外放电。新能源汽车动力蓄电池如图4-31所示。

2)运行期间存在高压电

运行期间存在高电压的部件,是指当点火开关处于ON、RUN或其他运行状态下,这些部件存在高电压。运行期间存在高电压的系统或部件有两种类型。

(1)一种是只要点火开关处于ON或RUN状态下就会存在高电压,这类部件包括有_____、_____(集成DC/DC变换器)和_____,如图4-32所示。

图4-31 新能源汽车高压动力蓄电池组件

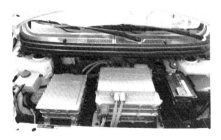

图4-32 新能源汽车高压组件

(2)另一种是虽然点火开关处于ON或RUN状态位置,但是由于该系统所执行的功能没有被接通,此时相关的部件仍然不会有高电压。如纯电动汽车中的_____和_____,在驾驶人没有运行车辆的空调或暖风功能时,这些部件上面是不会存在高电压的,相关部件如图4-33和图4-34所示。

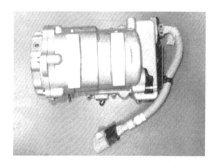

图4-33　新能源汽车高压压缩机

图4-34　新能源汽车PTC加热器

3)充电期间存在

充电期间存在高电压主要是指插电式混合动力电动汽车和纯电动汽车的_____(图4-35)以及_____,只有在车辆连接外部_____充电时才会有高电压。

图4-35　车载充电机

需要注意的是,有些车辆的车载充电机和动力蓄电池设计有独立的空调式冷却系统。当车辆充电期间,由于动力蓄电池可能产生很高的热量,因此车载空调会运行来降低动力蓄电池的温度,此时车辆的高压压缩机也会在充电期间运行,也存在有高电压。

2.新能源汽车高电压的接通与关闭控制

在新能源汽车中,除动力蓄电池外,其他部件都是由控制单元通过_____控制高电压的_____与_____。接触器为一个大功率的_____,它用于控制高压导线正负极导线之间的接通与断开。接触器通常被布置在动力蓄电池组总成内部或者是独立在一个配电箱中,如丰田普锐斯动力蓄电池总成端部布置有多个接触器,接触器如果断开,整车仅动力蓄电池上存在高电压,位于接触器下游的高电压系统部件将没有高电压,接触器结构和控制原理如图4-36和图4-37所示。

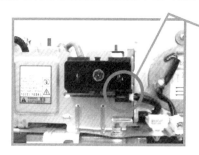
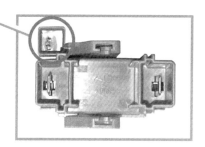

图4-36　丰田普锐斯接触器结构

图 4-37　丰田普锐斯接触器控制原理图

无论是纯电动汽车还是混合动力电动汽车,控制单元控制接触器的接通与关闭的条件如下:

1)接触器接通条件

(1)点火开关 ON。

(2)高电压系统自检没有存在漏电等故障。

2)接触器断开条件

(1)点火开关 OFF。

(2)高电压系统检测到存在安全事件的发生。

系统自检到存在安全事件,主要是系统根据自身设定的检验程序,在以下情况下,会因异常情况自动切断高压,避免人员触电。

(1)高压系统自检到部件的互锁开关断开。

(2)高压系统自检到部件或高压电缆存在对车辆绝缘电阻过低。

(3)车辆发生过碰撞,且安全气囊已弹出。

3. 高压中止与检验的方法

根据《电动汽车安全要求》(GB 18384—2020)要求,在动力蓄电池上都会设计有一个串联的手动维修开关,用于人工切断整个动力蓄电池的回路。当该开关被断开后,整车的高压部件将不再具有高压电,同时动力蓄电池的总输出正负极端口也不再有高压电。需要注意的是,即使手动开关被断开,动力蓄电池内的电池及其连接电路仍然还具有高压电,维修时一定要做好个人安全防护,丰田卡罗拉 1.8L 双擎轿车手动维修开关如图 4-38 所示。

图 4-38　丰田卡罗拉 1.8L 双擎轿车手动维修开关

由于手动维修开关能够物理上直接切断动力蓄电池的高电压回路,因此,汽车制造厂商都会将该开关设计有特殊的锁止结构,避免人为意外触发或者行驶中因为振动等因素断开。手动维修开关的断开方法一般会标示在开关上面或者用户手册中。

在维修新能源汽车前,务必执行高电压的中止和检验操作,避免因意外触电。高电压系统的中止与检验操作步骤主要分为_____和_____2 个环节。

1)高电压中止

高电压中止主要是通过正确的操作步骤来关闭车辆高压系统。正常情况下,执行高压中止后,车辆除了动力蓄电池外,其他部件应该都不具有高电压。

2)高电压检验

高电压检验是高压中止以后,利用数字万用表再次确认具体维修的部件上确实已不再有高压。

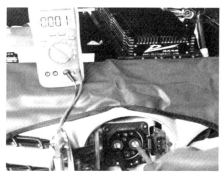

图4-39 高电压检验

如图4-39所示,使用万用表测量高电压部件连接器的各个高压端子,高压中止以后,每个端子对车身的电压应小于3V,且端子正负极之间的电压也应小于3V。如果任一被测量端子的电压超过3V,说明系统内部存在高压粘接情况,需要由经过特殊培训的工程师来进行处理。

警示:在检验高电压端子期间,必须佩戴好个人安全防护装备。

(二)制订工作方案

1. 任务分工(表4-10)

学生任务分配表　　　　　　表4-10

班级		组号		指导老师	
组长		任务分工		负责任务分配,总结	
组员1		任务分工		主要操作人员	
组员2		任务分工		辅助操作人员	
组员3		任务分工		记录员	
组员4		任务分工		审核人员	
组员5		任务分工		仪器设备、工具、材料准备人员	
组员6		任务分工		场地维护人员	

2. 工量具、仪器设备与耗材准备

(1)使用的工量具有:_____。

(2)使用的仪器设备有:_____。

(3)使用的耗材有:_____。

3. 具体方案描述

三、计划实施

(一)安全注意事项及技能要点

1. 安全注意事项

(1)整车实训时点火开关必须处于 LOCK 位置,并安全放置汽车钥匙。

(2)在对车辆高压系统进行检验前,必须进行高压中止操作。

(3)新能源汽车高压中止后,必须等待 10min 再进行高压系统检验操作。

(4)在检验新能源汽车高电压系统时,必须穿戴好个人高压安全防护装备。

2. 技能要点

(1)能规范地完成新能源汽车高压中止操作。

(2)能规范地进行新能源汽车高压中止后的检验。

(二)汽车高压中止和检验任务实施

丰田卡罗拉 1.8L 双擎轿车高压中止和检验操作方法及说明见表 4-11。

卡罗拉 1.8L 双擎轿车高压中止和检验操作方法及说明　　　　表 4-11

步骤	操作方法及说明	质量标准及记录
工具、防护装备、仪器准备工作	准备好新能源汽车高压部件拆装工具、万用表、车外三件套,车内四件套。 准备好个人高压安全防护装备、高压警示牌、蓄电池检测仪等物品。 摆放高压维修警示告牌,安装翼子板布、前进气栅栏布、座椅套、地垫、转向盘套、换挡杆套、车轮挡块等	□工具准备完成 □防护装备准备完成 □仪器准备完成
车辆准备		□正确完成车辆安全防护工作

续上表

步骤	操作方法及说明	质量标准及记录
关闭点火开关	(1) 关闭点火开关后，观察仪表板确认车辆是否处于OFF状态。 (2) 将钥匙放到一个安全的区域，通常应该远离被维修的汽车（注意：如果使用按钮起动的车辆，把钥匙拿到离车至少5m远的地方，防止汽车被意外起动）	□关闭点火开关，确认车辆处于OFF状态 □汽车钥匙是否放置在检测区外并安全保管
检查绝缘手套	在使用绝缘手套前，检查是否有裂纹、磨损以及其他损伤	□检查绝缘手套的有效期、合格证、电压等级 □检查绝缘手套外观和漏气情况 □绝缘手套符合使用要求
拆卸遮蔽手动维修开关的附件	佩戴好个人高压安全防具，打开行李舱盖，拆卸隔护板	□穿戴个人高压安全防护装备 □正确完成行李舱隔护板拆卸
检测蓄电池断开辅助电池负极端子	使用蓄电池检测仪检查蓄电池状态。 使用绝缘工具拆卸辅助蓄电池的负极接线，并固定搭铁线，以防止接线移动回蓄电池负极端子	蓄电池容量额定值（CCA） _____ A 蓄电池容量实际测定值（CCA）：_____ A □蓄电池性能符合使用要求 □正确使用工具断开蓄电池负极 □固定负极搭铁线，负极搭铁线柱绝缘防护

续上表

步骤	操作方法及说明	质量标准及记录
拆卸维修开关外护板	使用绝缘工具拆卸维修开关外护板	□正确拆卸维修开关外护板
拆除维修开关	拆下维修开关并放在口袋中以防止其他人将它安装回车上去,并将裸露的维修开关槽使用绝缘胶布封住(注意:当处理橙色高压组件和线路时,确保佩戴绝缘橡胶手套)	□佩戴绝缘手套拆卸维修开关 □正确保管维修开关
检查手动维修开关	(1)检查手动维修开关是否存在外表破损、端子变形 (2)检查维修开关的电阻,标准电阻始终小于1Ω	□维修开关外观检查正常 □正确测量维修开关电阻,电阻值:_____Ω □判断维修开关电阻值小于1Ω
等待电容器放电	拆下维修开关后等待10min,使得高电压部件中的电容器充分放电后,才可以继续对车辆进行高压检验操作	□等待10min

续上表

步骤	操作方法及说明	质量标准及记录
拆卸系统线束	佩戴好高压绝缘手套，从逆变器总成盖上拆卸系统线束插头	□正确拆卸逆变器总成盖上系统线束插头
拆卸逆变器端子盖	使用星型扳手和绝缘工具从逆变器总成上拆下逆变器端子盖	□正确使用工具拆卸逆变器总成端子盖
检查逆变器端子电压	佩戴绝缘手套，用万用表直流电压挡测量高压端子的电压，手动维修开关拆除10min后，高压端子电压应为0V（注意将万用表调于直流电压挡750V以上量程）	□正确测量高压端子电压 高压端子电压值：_____ V □判断高压端子存在高压电
确定无高压电后，保护高压端子，再开展维修作业	无高压电后方可进行后续维修作业，对拆卸的高压线用绝缘乙烯胶带包裹断开的高压连接器端子	□对高压端子进行保护

续上表

步骤	操作方法及说明	质量标准及记录
车辆复位	（1）装复逆变器连接器端子盖，装复手动维修开关，装复维修开关护板，连接辅助蓄电池负极端子。 （2）取车钥匙上车测试车辆是否处于READY状态。 （3）装复行李舱隔护板、取下翼子板布、前格栅布，取下转向盘套、地板垫、换挡杆套和座椅套，收维修警示牌。 （4）清洁驾驶室，清洁车辆外表，整理工位，清洁实训室 	□正确完成车辆复位 □测试车辆状态正常 □实训工位8S整理

四、评价反馈（表4-12）

评价表　　　　　　　　　　　　　　　　表4-12

评分项目	评分标准	分值（分）	得分（分）
学习目标	能明确本任务的知识、技能、素养目标，理解任务在工作中的重要程度	5	
工作任务分析	能清晰描述完成本次工作任务内容	2	
	能清晰描述完成本次工作任务需必备的技能与知识点	2	
	能查阅资料准确填写新能源汽车高压电接通情况	10	
	能查阅资料准确填写新能源汽车高压电中止检验信息	5	
实施方案制订	能清晰地制订并填写本次实训实施方案	5	
	能组织或协同工作小组成员，明确本次任务所需仪器设备、工具、材料的准备与检查，并记录	5	
	能组织或协同工作小组成员交流，优化方案并记录	5	
任务实施	安装翼子板布、驾驶室4件套、车轮挡块等	4	
	关闭汽车电源，保管好汽车钥匙	4	
	能规范的检测辅助蓄电池并记录，断开辅助蓄电池负极	5	
	能规范的拆卸手动维修开关遮蔽附件	5	
	能规范地拆除手动维修开关，并做好高压插头保护	5	

续上表

评分项目	评分标准	分值(分)	得分(分)
任务实施	能对手动维修开关进行检查,并记录	5	
	在高压检验开始前有等待10min	5	
	能规范对逆变器的高压端子进行检验,并记录	5	
	能对拆卸下来的高压端子进行保护	5	
任务评价	能通过本次任务实施,结合自己在实训过程中的表现,进行自我评价及自我反思并记录	3	
职业素养	按规定时间完成项目、积极参与课堂活动、回答问题	4	
	遵守实训室管理规定、劳动纪律、按时出勤	4	
	独立完成作业前个人和车辆防护、作业后实施"8S"管理	2	
思政要求	爱岗敬业、尊重教师、团结同学、按文明生产规则进行操作,按规矩办事、做好交流沟通、展示良好的工匠精神和职业素养	5	
总计		100	

改进建议:

教师签字:
日期:

任务习题

1. 单选题

(1)使用绝缘手套前不是必须检查项目的是( )。
　　A.生产厂家　　B.电压等级　　C.漏气情况　　D.外表破损情况
(2)在对纯电动汽车或混合动力电动汽车维修时,断开高压蓄电池接触电缆前要等待( )min,即等电容充分放电完毕。
　　A.5　　B.10　　C.15　　D.20
(3)高压动力蓄电池内有带腐蚀性电解液,着火后采用水或( )灭火器灭火。
　　A.泡沫　　B.干粉　　C.清水　　D.以上都不对
(4)维修高电压系统时,必须穿( )类的工作服。
　　A.非化纤　　B.化纤　　C.棉服　　D.以上都不对

(5)新能源汽车动力蓄电池高电压存在的形式是(　　)。
　　A.持续存在　　　　　　　　　　B.点火开关打开时存在
　　C.充电期间存在　　　　　　　　D.一直不存在
(6)手动维修开关作用是(　　)。
　　A.切断动力蓄电池连接回路　　　B.维修车辆底盘用
　　C.切断驱动电机电源　　　　　　D.手动维修充电器用
(7)当低压电气火灾发生时,首先应做的是(　　)。
　　A.迅速离开现场报告领导　　　　B.迅速设法切断电源
　　C.迅速用干粉灭火器灭火　　　　D.迅速用二氧化碳灭火器灭火
(8)安全的电压等级 A 级,标准数据是在直流中电压小于等于(　　)。
　　A.30V　　　　B.40V　　　　C.50V　　　　D.60V
(9)触电者心跳停止,呼吸存在,采用人工复苏的方法为(　　)。
　　A.口对口人工呼吸　B.胸外心脏按压　C.CPR　　　D.同时进行
(10)关于高压中止操作,下列说法正确的是(　　)。
　　A.维修高压部件时,应进行高压中止并检验无高压电后才可进行作业
　　B.车辆电源打到 OFF,车上就不存在高压电,维修动力蓄电池时不需要高压中止
　　C.手动维修开关表面有绝缘皮,拔开时不需要佩戴绝缘手套
　　D.高压中止后动力蓄电池不存在高压电,对动力蓄电池的维修不需要戴绝缘手套

2.判断题

(1)依据国家标准,安全的电压等级是 B 级。　　　　　　　　　　(　　)
(2)人体承受的安全电压取决于人体允许通过的电流和人体的电阻。(　　)
(3)触电者脱离电源神志清醒后,应让其多走动,促进血液循环。　　(　　)
(4)电气火灾一般使用二氧化碳灭火器或干粉灭火器。　　　　　　(　　)
(5)采用 CPR 心肺复苏急救时,按压频率和人工呼吸比是 30∶1。　(　　)
(6)使用者可以在安全帽上添加附件,以提高安全帽的防护性能。　(　　)
(7)绝缘手套需要定期检验,而且在每次使用前必须进行泄漏检查。(　　)
(8)断开动力蓄电池手动维修开关后,动力蓄电池及其电路不具有高压电。
　　　　　　　　　　　　　　　　　　　　　　　　　　　　　　(　　)
(9)维修带高电压的新能源汽车前,务必执行高电压的中止检验操作。(　　)
(10)进行高压中止操作时不需要断开 12V 辅助蓄电池。　　　　　(　　)

3.实操练习题

(1)某新能源 4S 店维修车间发生员工触电事故,请你根据 CPR 急救法完成触电急救。

(2)请你根据制订的实施方案和维修手册,对丰田卡罗拉 1.8L 双擎轿车进行高压中止和检验操作。

学习任务五

新能源汽车常规维护

学习目标

1. 知识目标

(1) 熟知高压蓄电池、充电系统检查与维护作业项目及规范。

(2) 了解大众 ID.4 CROZZ 高压上、下电流程及注意事项。

(3) 熟知新能源汽车驱动系统、冷却系统(含驱动电机、电池冷却系统)检查与维护作业项目及规范。

(4) 熟知新能源汽车底盘、空调检查与维护作业项目及规范。

(5) 熟知新能源汽车维护质量检验与评估。

2. 技能目标

(1) 制订高压蓄电池、充电系统、驱动系统、冷却系统、底盘系统、空调系统检查与维护作业流程,完成相应检查作业。

(2) 掌握工量具使用方法和步骤以及使用安全注意事项。

(3) 能按照技术标准或出厂说明书的规定流程,进行新能源汽车常规维护质量检验与评估。

(4) 能对新能源汽车常规维护竣工检验的结果进行分析,正确填写有关的技术资料。

3. 素养目标

(1) 培养学生严谨的工作态度,规范实训"8S"管理,养成良好的职业行为习惯。

(2) 规范操作,主动钻研,养成精益求精的工匠精神。

(3) 使学生具备本专业高素质技术工作者所必需的经验,培养学生专业兴趣增强团结协作的能力。

(4) 促进学生职业素养的形成,为培养高素质汽车售后服务人才奠定良好基础。

(5) 培养自主学习、崇尚劳动,形成有耐心、够细心、爱岗敬业的职业精神。

参考学时

48 学时。

新能源汽车常规维护 | 学习任务五

任务描述

客户的纯电动汽车达到厂家规定的维护要求,到维修厂进行常规维护。经前台接车确认后,开具常规维护工单,需按维护工单内容完成新能源汽车常规维护。

学习活动 1　动力蓄电池检查与维护

一、明确任务

根据任务描述,客户的纯电动汽车到达厂家进行维护,需要对动力蓄电池系统进行检查与维护,使其保持正常的使用性能。

二、工作准备与计划制订

(一)知识准备

＿＿＿＿作为整个纯电动汽车的动力源,取代了传统燃油汽车的石油能源,相当于纯电动汽车的"心脏",它为整车提供持续稳定的能量,驱动车辆行驶。

1. 动力蓄电池的类型

应用于纯电动汽车的动力蓄电池类型有很多,主要有＿＿＿＿、＿＿＿＿、＿＿＿＿、＿＿＿＿、＿＿＿＿等。动力蓄电池的类型如图 5-1 所示。

a) 铅酸蓄电池　　b) 镍氢蓄电池　　c) 镍镉蓄电池　　d) 锂离子蓄电池　　e) 石墨烯蓄电池

图 5-1　动力蓄电池的类型

2. 动力蓄电池的特点

动力蓄电池的特点见表 5-1。

动力蓄电池的特点　　表 5-1

名称	优点	缺点	应用
铅酸蓄电池	成本低	能量和功率低,笨重	电动自行车
镍镉蓄电池	结实、成本低	寿命短、污染严重	已淘汰

231

续上表

名称	优点	缺点	应用
镍氢蓄电池	安全性较好、寿命较长	成本高	混合动力电动汽车（如丰田普锐斯）
锂离子蓄电池	能量密度较高、自放电率低、使用寿命长	成本高	纯电动汽车（如北汽EV200）
石墨烯蓄电池	成本低、能量密度高、充电快	—	—

3. 常用锂离子蓄电池性能对比

目前，由于锂离子蓄电池具有能量密度高、大功率充放电能力强等优点，已逐渐成为纯电动汽车动力蓄电池的首选。根据正负极材料的不同，纯电动汽车上常用的锂离子蓄电池有：_____、_____、_____和_____，其性能对比如图5-2所示。

图5-2 锂离子蓄电池性能对比

从图5-2中可以看出，磷酸铁锂和三元锂两种蓄电池的性能相对较好，_____具有较好的安全稳定性，三元锂能量密度高决定了其具有较好的续驶里程，这两种蓄电池也是目前在电动汽车上使用较多的。

4. 动力蓄电池箱结构认知

动力蓄电池箱是支撑固定动力蓄电池系统的组件，起到承载和保护动力蓄电池组及内部电器元件的作用，主要包含____、_____和_____等，还包括辅助器件，如过渡件、护板、螺栓和动力蓄电池标识等，动力蓄电池外部箱体结构如图5-3所示。

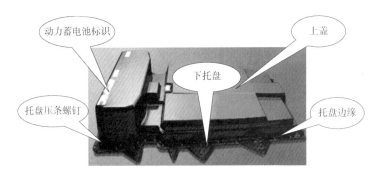

图5-3 动力蓄电池外部箱体结构

每辆纯电动汽车的动力蓄电池上都贴有标识牌,用来表征动力蓄电池的特征。标识牌上有动力蓄电池型号、生产日期、动力蓄电池材料、额定电压、额定能量、条码和质量等信息,如图 5-4 所示。

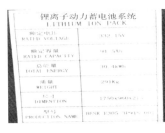 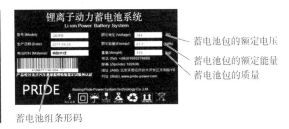

图 5-4　锂离子动力蓄电池标识图

5.动力蓄电池箱的特性

动力蓄电池箱体用螺栓连接在车身底盘下方,由于汽车的运行环境多变,因此,对动力蓄电池箱的散热、防水、绝缘和安全等设计要求都很高。动力蓄电池箱体的_____和_____结合处必须符合防水条件,动力蓄电池箱体表面也不得有划痕、焊缝、毛刺和残余油迹等。

6.大众 ID.4 CROZZ 动力蓄电池包简介

大众 ID.4 CROZZ 动力蓄电池包的蓄电池管理系统(BMS)采用了模块化的_____和集成式的管理方案,具备高可靠度的过压/过温保护功能,并且具备主动蓄电池热管理功能。_____是在动力蓄电池包内部传输电流的导体,大众 ID.4 CROZZ 的铜排采用了_____,可以有效降低极端情况下的模组受力。大众 ID.4 CROZZ 动力蓄电池在车上的安装位置如图 5-5 所示。

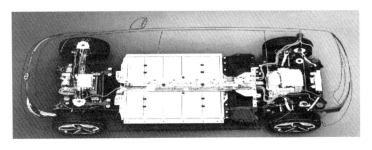

图 5-5　大众 ID.4 CROZZ 动力蓄电池实车安装位置

7.大众 ID.4 CROZZ 动力蓄电池日常维护

1)浅充浅放

尽量不要把电完全耗尽再进行充电,在还有 30%~50% 的电量就可以充电,这样可以减少蓄电池完全充放电循环的次数。就算平时行驶路程不多,建议每天都充电,这样使蓄电池处于浅循环状态,蓄电池的寿命会延长。

2)电量维护

电量过低时,应立即停止运行,尽快充电;充电时间不宜过长,否则会形成过度充电;日常短途旅行中,将动力蓄电池充电至平均最大容量的80%;过充过放均会缩短蓄电池寿命。一般情况,蓄电池充电时间在10h左右,要避免过度充电。

3)慢充为主,快充为辅

快充对于动力蓄电池的使用寿命有一定的影响,对于纯电动汽车,补电策略要慢充为主,快充为辅。如果家里具备充电桩安装条件的话,做到随用随充比较好。

(二)制订工作方案

1. 任务分工(表5-2)

学生任务分配表　　　　　　　表5-2

班级		组号		指导老师	
组长		任务分工			
组员1		任务分工			
组员2		任务分工			
组员3		任务分工			
组员4		任务分工			
组员5		任务分工			
组员6		任务分工			

2. 工量具、仪器设备与耗材准备

(1)使用的工量具有:_____。

(2)使用的仪器设备有:_____。

(3)使用的耗材有:_____。

3. 具体方案描述

1)检查自诊断系统

_____

_____

2)检查动力蓄电池电量

_____

_____

3)检查动力蓄电池壳体、螺栓连接、高压连接器状况

_____

_____

4）按规范进行高压断电，测量动力蓄电池相关数据

三、计划实施

（一）安全注意事项及技能要点

1．安全注意事项

（1）操作和维护动力蓄电池系统时，需要穿戴绝缘手套，严禁佩戴手表等金属品。

（2）严禁任何时候用双手或金属、导线同时接触动力蓄电池箱体的正负极。

2．技能要点

（1）能按规范进行动力蓄电池下电、检查维护与上电作业。

（2）能掌握万用表、绝缘表、接地电阻测试仪的使用方法。

（3）能正确使用解码仪读取动力蓄电池系统相关数据。

（二）动力蓄电池检查与维护

1．检查与维护前的准备工作（表5-3）

动力蓄电池检查与维护

检查与维护前的准备工作操作方法及说明　　　　　　　表5-3

步骤	操作方法及说明	质量标准及记录
车辆、人身检查与防护	（1）安装车轮挡块和三件套，设置隔离栏和警示牌。 （2）检查绝缘手套、护目镜、安全帽和绝缘鞋	□确认绝缘手套耐压等级：_____ □正确检查绝缘手套的密封性 □正确执行高压上电步骤

续上表

步骤	操作方法及说明	质量标准及记录
检查自诊断系统	（1）整车上READY挡，观察组合仪表SOC、里程等信息及相关指示灯的点亮情况。 （2）读取动力蓄电池及管理系统故障码及数据流。 （3）启动诊断仪，进入控制单元诊断界面，确认并记录以下测量值。 -电压电驱动装置控制单元-J841-： -电压蓄电池调节控制单元-J840-： -电压高电压蓄电池充电器控制单元-J1050-： -电压变压器-A19-：	□记录组合仪表相关信息： READY指示灯： □点亮 □不亮 □点亮后熄灭 信息记录：_____ 当前电量：_____ 里程：_____ □无DTC（诊断故障码） □有DTC：_____ □读取并记录数据流。蓄电池温差范围： _____ 蓄电池压差范围： _____ 蓄电池电压：_____ 蓄电池电量：_____ 正极绝缘阻值：_____ 负极绝缘阻值：_____
高压断电	（1）关闭点火开关，断开高电压维护插头TW，并上锁。 （2）读取断开高电压系统维护插头TW后的测量值。 （3）正确执行高压断电操作。再次确认高压电已断开	□确认高压电断开

2. 检查动力蓄电池组件外观（表5-4）

检查动力蓄电池组件外观操作方法及说明　　　　表5-4

步骤	操作方法及说明	质量标准及记录
动力蓄电池组件外观检查	（1）举升车辆至合适高度，检查动力蓄电池壳体及固定螺栓紧固情况。	□正确使用举升机 检查结果记录 □正常 □异常：_____

续上表

步骤	操作方法及说明	质量标准及记录
动力蓄电池组件外观检查	（2）检查动力蓄电池高低压连接器连接情况、电位均衡线紧固情况	检查动力蓄电池壳体螺栓紧固情况 螺栓力矩：＿＿＿＿＿ 检查高低压连接器连接情况 低压控制插头： □正常 □异常：＿＿＿＿＿ 高压母线插头： □正常 □异常：＿＿＿＿＿

3. 检查动力蓄电池外部绝缘性（表5-5）

检查动力蓄电池外部绝缘性操作方法及说明 表5-5

步骤	操作方法及说明	质量标准及记录
高压验电	（1）测量动力蓄电池包正负母线（蓄电池端、线束端）间的电压。正确使用万用表进行高压验电。注意全程佩戴绝缘手套。 （2）测量动力蓄电池包正负母线（蓄电池端、线束端）与车身搭铁的电压	高压蓄电池端 HV+与HV-电压值： ＿＿＿＿＿V HV+与接地电压值 ＿＿＿＿＿V HV-与接地电压值 ＿＿＿＿＿V 高压连接线端 HV+与HV-电压值： ＿＿＿＿＿V HV+与接地电压值 ＿＿＿＿＿V HV-与接地电压值： ＿＿＿＿＿V

续上表

步骤	操作方法及说明	质量标准及记录
绝缘检测	(1)测量动力蓄电池包正负母线与车身搭铁间的绝缘阻值。正确使用绝表测量绝缘性。 (2)测量动力蓄电池包线束端正负母线与车身搭铁间的绝缘阻值	绝缘测试仪选择电压：____ 绝缘值：____ 高压蓄电池端 HV+与接地 实测值：____ 标准值：____ HV-与接地 实测值：____ 标准值：____ 高压连接线端 HV+与接地 实测值：____ 标准值：____ HV-与接地 实测值：____ 标准值：____
接地电阻测试、清洁整理场地	(1)正确使用接地电阻测试仪测量电位平衡线接地电阻。 (2)回收防护三件套、关闭前机舱盖，回收车轮挡块、护栏和危险指示牌、整理工具、清洁场地、设备复位	记录测量结果 接地电阻：____

四、评价反馈(表 5-6)

评价表　　　　　　　　　　　　　　　表 5-6

评分项目	评分标准	分值(分)	得分(分)
学习目标	能明确本任务的知识、技能、素养目标，理解任务在工作中的重要程度	5	
工作任务分析	能清晰描述完成本次工作任务内容	2	
	能清晰描述完成本次工作任务需必备的技能与知识点	2	

续上表

评分项目	评分标准	分值(分)	得分(分)
有效信息获取	能正确描述动力蓄电池类型、蓄电池特点和相关性	6	
	能正确描述动力蓄电池外部结构和特性	6	
	能正确描述动力蓄电池日常维护项目	4	
实施方案制订	能制订并填写动力蓄电池检查与维护的准备作业计划	5	
	能组织或协同工作小组成员,明确任务所需仪器设备	5	
	能组织或协同工作小组成员交流,优化检查方案并记录	5	
任务实施	能独立完成车辆、工位检查与防护任务	3	
	能独立完成人身安全防护用具的检查,完成车辆上电步骤	7	
	能观察识别组合仪表的相关信息,读取故障码及数据流	8	
	能进行标准高压断电操作,使用举升机完成车辆举升	7	
	能独立完成动力蓄电池组件的外观检查任务	5	
	能独立完成高压验电任务和动力蓄电池组件绝缘性能检查	8	
	能独立完成安装、上电及竣工检验工作	4	
任务评价	能通过本次任务实施,结合自己在实训过程中的表现,进行自我评价及自我反思并记录	3	
职业素养	按规定时间完成作业,遵守管理规定,按时出勤	6	
	独立完成作业前个人和车辆防护、作业后实施"8S"管理	4	
思政要求	爱岗敬业、尊重教师、团结同学、按文明生产规则进行操作、按规矩办事、做好交流沟通、展示良好的工匠精神和职业素养	5	
总计		100	

改进建议:

教师签字:
日期:

学习活动 2　充电系统检查与维护

一、明确任务

根据任务描述,客户的纯电动汽车到达厂家进行维护,需要对充电系统进行检查与维护,使其保持正常使用性能。

二、工作准备与计划制订

(一)知识准备

纯电动汽车和插电式混合动力汽车可以通过外部电源对车辆的动力蓄电池进行充电以补充能量。按照《电动汽车传导充电用连接装置　第 2 部分:交流充电接口》(GB/T 20234.2—2015)和《电动汽车传导充电用连接装置　第 3 部分:直流充电接口》(GB/T 20234.3—2023)的要求,目前符合国标的车辆可以选用_____和_____两种不同的充电接口和方式。

1. 交流充电系统的组成

交流充电系统通过交流充电线束与 220V/380V 交流充电设备相连给电动汽车动力蓄电池进行充电。交流充电系统将交流电转化为直流电,以实现对动力蓄电池的电能补给。

交流充电系统主要由_____、_____、_____、_____,_____和_____等组成,如图 5-6 所示。

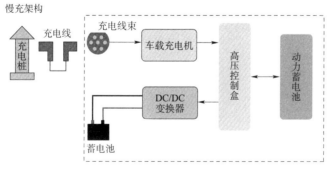

图 5-6　交流充电系统的组成

2. 交流充电接口

_____是指用于连接活动电缆和电动汽车的充电部件,由充电插座与充电插头

两部分构成。充电接口应该满足以下几方面要求:

(1)能够实现较大电流的传输和传导,避免由于电流过大引起插座发热和故障。

(2)插头与插座充分耦合,接触电阻小,以免接触不良引起火花烧蚀或虚接。

(3)具备合理的外形,方便执行插拔作业。

(4)具备充电_____,俗称"充电枪防盗"。即整车锁车后,交流充电枪被锁在充电口上,无法拔下来,只有在车辆解锁之后或使用应急机械解锁功能才能解除电锁,交流充电枪才能从充电口拔下,如图5-7所示。

我国制定的充电接口布置如图5-8所示。

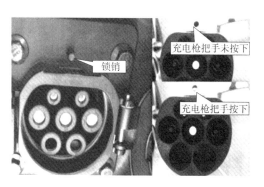

图5-7 充电口电锁功能

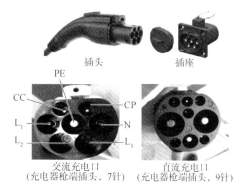

图5-8 充电接口布置形式

其中,L_1与N端子是交流220V电源的火线与零线,用以传递电能,PE为保护接地线,将车辆接地与电源接地相连。L_2、L_3是三相交流充电预留端子,部分车型的车载充电机支持使用交流380V的三相交流电进行充电,L_2、L_3端子与L_1共同进行电量的传输,可使交流充电的功率达到30kW以上,而CC(充电连接确认)、CP(控制连接确认)两个端子负责低压控制信号的传递。

3. 车载充电机

车载充电机将外界的_____转化为动力蓄电池需要的_____,并完成与电源和动力蓄电池之间的协调与控制,其功能如图5-9所示。

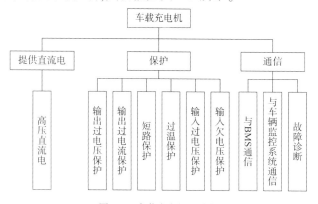

图5-9 车载充电机的功能

大众 ID.4 CROZZ 车载充电机(简称 AX4)安装在车辆后部,将施加到动力蓄电池的交流电压(AC)转换为直流电压(DC),充电功率为 7.2kW。其充电单元由 AX4J1050 的控制单元来调节,负责监测和调整充电过程,AX4 外部结构如图 5-10 所示。

4.直流充电系统的组成

与交流充电系统的结构不同,直流充电系统的充电机由于需要更大的输出和输入功率,在成本、体积、散热以及安装布置要求上都比交流充电机更高。直流充电系统通过直流快充桩将电网交流电(380V)逆变为直流电,对动力蓄电池进行快速充电。直流充电系统主要由_____、直流充电口、直流充电线束、_____和_____等组成,如图 5-11 所示。

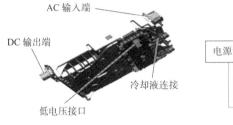
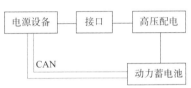

图 5-10　车载充电机外部结构图　　　图 5-11　直流充电系统的组成

5.直流充电接口

_____是充电桩与电动汽车快充口进行物理连接,完成充电和控制指引的连接器。连接端口布置形式及端口针脚定义见表 5-7。

直流充电插座接口端子定义　　　　　表 5-7

序号	名称	功能
1	DC+	高压正极
2	DC-	高压负极
3	PE	保护接地
4	S+	快充 CANH
5	S-	快充 CANL
6	CC1	充电连接确认 CC1 信号
7	CC2	充电连接确认 CC2 信号
8	A+	快充唤醒信号 12V+
9	A-	快充唤醒接地 12V-

其中,DC+与 DC-端子是动力蓄电池包直流充电的正极与负极,通过_____连接直流充电桩的输出正负极,用以传递电能。PE 为保护_____,将车辆接地与电源接地相连。S+与 S-是直流充电桩与电动汽车信息交互 CAN 总线接口。A+与

A-是由直流充电桩发出的低压 12 V 充电唤醒信号,且具有低压辅助供电功能。CC1(充电桩充电连接确认)、CC2(车辆充电连接确认)两个端子负责充电连接确认信号的传递。

6. 直流充电线束

_____是连接直流充电口与高压控制盒之间的线束,部分车型将高压控制盒集成至动力蓄电池包内部,如图 5-12 所示。

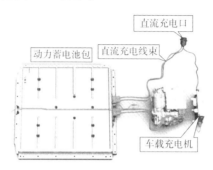

图 5-12　大众 ID.4 CROZZ 直流充电线束安装位置

大众 ID.4 CROZZ 直流充电线束一端连接车辆的直流充电口,另一端分成三支线束,分别为接动力蓄电池包(内部高压控制盒)的直流充电高压线束、接车载充电机 AX4 的低压控制线束和接车身搭铁点的搭铁线束。

7. 大众 ID.4 CROZZ 充电系统架构

大众 ID.4 CROZZ 车型交流充电控制单元在车辆尾部,充电盖板锁止装置、充电插头锁止装置、充电指示灯由_____来进行控制。大众 ID.4 CROZZ 车型交直流充电接口集成在一起,放置在加油口盖后部,如图 5-13 所示。

8. 大众 ID.4 CROZZ 充电口指示灯

大众 ID.4 CROZZ 充电口指示灯如图 5-14 所示。

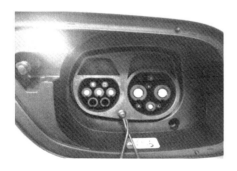  

图 5-13　大众 ID.4 CROZZ 充电口　　　　图 5-14　大众 ID.4 CROZZ 充电口指示灯

1)白色 LED 灯

(1)闪烁:车辆建立与充电基础设施的通信,充电过程准备就绪。

(2)持续亮起:未激活充电功能。

2)绿色 LED 灯

(1)间歇性亮起:高压蓄电池正在充电。

(2)持续亮起:成功完成充电过程。

(3)闪烁:激活延迟充电。

(4)灯交替显示红色:采用降低的充电电流充电,以避免车辆抛锚。

3)红色 LED 灯

持续亮起:充电系统有故障。充电过程未开始或者已中断。

(二)制订工作方案

1.任务分工(表5-8)

学生任务分配表　　　　　表5-8

班级		组号		指导老师	
组长		任务分工			
组员1		任务分工			
组员2		任务分工			
组员3		任务分工			
组员4		任务分工			
组员5		任务分工			
组员6		任务分工			

2.工量具、仪器设备与耗材准备

(1)使用的工量具有:_____。

(2)使用的仪器设备有:_____。

(3)使用的耗材有:_____。

3.具体方案描述

1)充电功能验证

2)充电系统外观检查

3)充电系统绝缘性检测

三、计划实施

(一)安全注意事项及技能要点

1. 安全注意事项

(1)实训前佩戴好安全防护用具。

(2)实训充电口检查过程中禁止充电。

2. 技能要点

(1)能按规范进行充电系统检查与维护作业。

(2)掌握绝缘表、接地电阻测试仪的使用方法,了解工量具使用注意事项。

(3)能正确认识仪表显示的充电相关数据。

(二)充电系统检查与维护任务实施

1. 检查与维护前的准备工作(表5-3)

2. 检查充电系统组件外观(表5-9)

充电系统检查与维护

检查充电系统组件外观操作方法及说明　　表5-9

步骤	操作方法及说明	质量标准及记录
充电口、充电枪外观检查	(1)检查充电插座(直流、交流)接口处是否有异物、烧蚀等情况。 (2)检查充电枪外观	充电插座检查结果记录 □正常 □异常:_____ 充电枪外观检查结果记录 □正常 □异常:_____
车载充电机外观检查	(1)举升车辆至合适高度,检查车载充电机外表面是否有明显积尘、渗漏、磕碰、损坏或裂纹等现象。 (2)检查车载充电机的上水管和下水管有无裂纹和泄漏。如果存在泄漏情况,查找泄漏部位。	检查进出水管安装情况 □正常 □异常:_____

续上表

步骤	操作方法及说明	质量标准及记录
车载充电机外观检查	(3)检查车载充电机高低压插接件连接状态是否完好,目测各个插接件是否存在退针、变形、松脱、过热和损坏的情况,如发现以上情况应及时予以修理或更换	检查高低压连接器连接情况 低压控制插头: □正常 □异常:＿＿＿＿＿＿ 交流侧高压插头: □正常 □异常:＿＿＿＿＿＿ 直流侧高压插头: □正常 □异常:＿＿＿＿＿＿
车载充电机安装情况检查	(1)检查车载充电机的安装和固定情况,如果有松动,则应按照车辆维修手册规定紧固螺栓。 (2)检查车载充电机电位平衡线固定情况,如果有松动,则应按照车辆维修手册规定紧固螺栓	检查车载充电机支架螺栓紧固情况 螺栓力矩:＿＿＿＿＿＿ 检查电位平衡线固定螺栓紧固情况 螺栓力矩:＿＿＿＿＿＿

3. 检查充电系统绝缘性(表 5-10)

检查充电系统绝缘性操作方法及说明　　　　　　表 5-10

步骤	操作方法及说明	质量标准及记录
绝缘检测	(1)测量车载充电机内部高压系统绝缘阻值。测量绝缘电阻时要使用正确的绝缘测试仪。	绝缘值 车载充电机交流侧 L 对壳体 实测值:＿＿＿＿＿＿ 标准值:＿＿＿＿＿＿ N 对壳体 实测值:＿＿＿＿＿＿ 标准值:＿＿＿＿＿＿ 车载充电机直流侧 HV + 对壳体

续上表

步骤	操作方法及说明	质量标准及记录
绝缘检测	（2）测量车载充电机线束端绝缘阻值。 （3）测量充电口绝缘性。 （4）测量车载充电机电位平衡线接地电阻。能够正确使用接地电阻测试仪测量电位平衡线接地电阻。 （5）回收车内外防护三件套，关闭前机舱盖，回收车轮挡块、护栏和危险指示牌、整理工具、清洁场地、设备复位	实测值：_____ 标准值：_____ HV-对壳体 实测值：_____ 标准值：_____ 交流线束侧 L 对车身 实测值：_____ 标准值：_____ N 对车身 实测值：_____ 标准值：_____ 直流线束侧 HV + 对车身 实测值：_____ 标准值：_____ HV-对车身 实测值：_____ 标准值：_____ 交流充电口 L 对车身 实测值：_____ 标准值：_____ N 对车身 实测值：_____ 标准值：_____ 直流充电口 HV + 对车身 实测值：_____ 标准值：_____ HV-对车身 实测值：_____ 标准值：_____

四、评价反馈(表 5-11)

评价表　　　　　　　　　　　　　　　　　　　　　　　　表 5-11

评分项目	评分标准	分值(分)	得分(分)
学习目标	能明确本任务的知识、技能、素养目标,理解任务在工作中的重要程度	5	
工作任务分析	能清晰描述完成本次工作任务内容	2	
	能清晰描述完成本次工作任务需必备的技能与知识点	2	
有效信息获取	能正确描述充电系统的类型	4	
	能正确描述交流充电系统的组成	2	
	能正确描述直流充电系统的组成	6	
	能正确描述充电系统检查与维护项目	4	
实施方案制订	能制订并填写充电系统检查与维护的准备作业计划	5	
	能组织或协同工作小组成员,明确任务所需仪器设备	5	
	能组织或协同工作小组成员交流,优化检查方案并记录	5	
任务实施	能独立完成车辆、工位检查与防护任务	3	
	能独立完成人身安全防护用具的检查	3	
	能独立完成车辆充电步骤	4	
	能正确的观察识别组合仪表、中控屏的相关信息	4	
	能正确的识别充电口指示灯的点亮信息	4	
	能正确的进行标准高压断电操作	3	
	能规范的使用举升机完成车辆举升	4	
	能独立完成充电系统组件的外观检查任务	5	
	能独立完成充电系统绝缘性能检查	8	
	能独立完成安装、上电及竣工检验工作	4	
任务评价	能通过本次任务实施,结合自己在实训过程中的表现,进行自我评价及自我反思并记录	3	
职业素养	按规定时间完成项目作业	2	
	遵守实训室管理规定、劳动纪律,按时出勤	4	
	积极参与课堂活动、回答问题	2	
	独立完成作业前个人和车辆防护、作业后实施"8S"管理	2	
思政要求	爱岗敬业、尊重教师、团结同学,按文明生产规则进行操作,按规矩办事、做好交流沟通,展示良好的工匠精神和职业素养	5	
总计		100	

续上表

改进建议：
教师签字： 日期：

学习活动 3 驱动电机及控制系统检查与维护

 一、明确任务

根据任务描述，客户的纯电动汽车到达厂家进行维护，需要对驱动电机及控制系统进行检查与维护，使其保持正常使用性能。

 二、工作准备与计划制订

（一）知识准备

驱动电机是纯电动汽车三大核心部件之一，是车辆行驶的主要执行机构，其特性就决定了车辆的主要性能指标，直接影响车辆动力性、经济性和舒适性。纯电动汽车的电驱动系统由_____、_____和_____组成，通过高低压线束和冷却管路，与整车其他系统连接。

1. 驱动电机的作用

_____、_____、_____是纯电动汽车的核心部分，称为"三电"。在纯电动汽车上，驱动电机替代了传统燃油汽车上的发动机和发电机。驱动电机既可以将电能转化为机械能驱动车辆行驶，也可作为发电机将机械能转化为电能并存储在动力蓄电池上。

车辆行驶时，电机控制器将动力蓄电池的高压直流电转变成驱动电机的高压三相交流电，使驱动电机产生旋转力矩，实现车辆的行驶。驱动电机不仅可以驱动车辆行驶，还可以进行制动能量回收，驱动电机在制动、缓慢减速时，驱动电机会将车辆动能转化为电能，通过驱动电机控制器以电能形式向动力蓄电池充电。

2.驱动电机的安装位置

大众 ID.4 CROZZ 驱动电机的安装位置如图5-15所示,四驱版前驱动电机装在前机舱动力总成支架下面,前驱动电机装在行李舱下面,电机控制器与_____和_____集成在一起,前后驱动电机均与减速器、传动半轴连接。

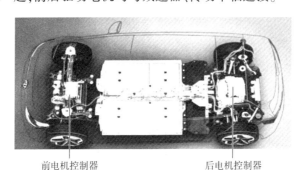

图5-15 大众 ID.4 CROZZ 驱动电机的安装位置

3.电动汽车驱动电机性能要求

电动汽车所采用的驱动电机是通过_____让电机转动,从而实现对外输出动力。驱动电机具体性能要求如下:

(1)较大的起动转矩和较大范围的调速性能。

(2)能够承受4~5倍的过载。

(3)高电压、高转速、重量轻、体积小。

(4)有良好的可靠性。

(5)驱动电机要结构简单、使用维修方便,适合批量生产。

4.驱动电机及控制系统的结构

以大众 ID.4 CROZZ 三相交流永磁同步电机为例,驱动电机主要由_____、转子、前后端盖和_____组成,如图5-16所示。

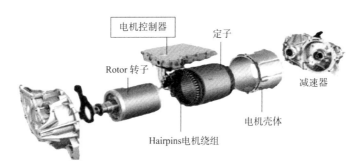

图5-16 大众 ID.4 CROZZ 驱动电机及控制系统结构

电机控制器的结构如图5-17所示,主要由_____、控制板、IGBT(绝缘栅双极型晶体管)模块及驱动板、_____、放电电阻、_____和壳体水道等组成。MCU 的内部采用三相两电平电压源型逆变器,是驱动电机系统的控制核心,称为智能功率模块,它以 IGBT 为核心、辅以驱动集成电路和主控集成电路。

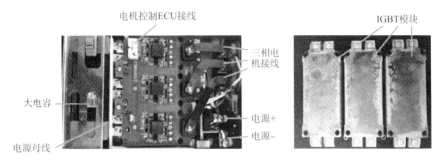

图 5-17 电机控制器的结构

驱动电机内部的旋转变压器是一种电磁式传感器,如图 5-18 所示,驱动电机用它监测转子的转速和位置,并将此信号反馈给电机控制器。

为了防止驱动电机升温过快,新能源汽车驱动电机多采用_____的方式,并配有温度传感器对驱动电机的工作温度进行实时监控,向_____反馈电机温度信号。驱动电机的温度传感器用以检测驱动电机的绕组温度,并提供散热风扇启动的信号。如图 5-19 所示为北汽 EV200 车型驱动电机的温度传感器,它采用 PT10000 型铂热电阻,它的阻值会随着温度的变化而改变。整车控制器根据电机温度信号会放出相应控制策略,包括冷却系统的_____、冷却系统风扇的_____和电机的_____策略控制。

图 5-18 旋转变压器　　图 5-19 北汽 EV200 车型驱动电机的温度传感器

电机温度保护。当电机控制器监测到驱动电机温度传感器显示:120℃≤温度<140℃时,降功率运行;温度≥140℃时,降功率至 0,即停机。

电机控制器温度保护。当电机控制器监测到散热基板温度为:温度>85℃时,超温保护,即停机;85℃≥温度≥75℃时,降功率运行。

5.驱动电机及控制系统的工作原理

电机控制器由_____和_____两部分组成,接受 VCU 的指令,将动力蓄电池的高压直流电压逆变成电压、频率、相序可调的_____,控制电机的电压或电流,实现对驱动电机的转速、转矩和旋转方向的控制,如图 5-20 所示。电机控制器对所有的输入信号进行处理,并将驱动电机控制系统运行状态信息通过网络发送给 VCU。电机控制器内含有故障诊断电路,当电机出现异常时,它会激活一个错误代码并发送给 VCU,同时也会储存该故障码和相关数据。

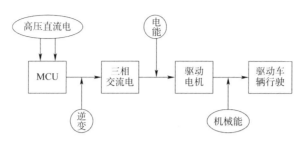

图 5-20　驱动电机及控制系统工作原理

永磁同步电机的转子本身具有磁性，_____产生磁场，与转子磁场相互作用，产生电磁转矩，吸引转子同步旋转，定子磁场的形成需依据转子位置信息，以避免失步，当定子或转子的运行温度过高时，需要降功率或停机。

（二）制订工作方案

1. 任务分工（表 5-12）

学生任务分配表　　　　　　　表 5-12

班级		组号		指导老师	
组长		任务分工			
组员1		任务分工			
组员2		任务分工			
组员3		任务分工			
组员4		任务分工			
组员5		任务分工			
组员6		任务分工			

2. 工量具、仪器设备与耗材准备

(1) 使用的工量具有：_____。

(2) 使用的仪器设备有：_____。

(3) 使用的耗材有：_____。

3. 具体方案描述

1) 检查与维护驱动电机

_____

_____

2) 检查与维护减速驱动桥

_____

_____

3）检查与更换润滑油油位

三、计划实施

（一）安全注意事项及技能要点

1. 安全注意事项
(1) 实训开始前应摘掉戒指、手表、项链等首饰，穿实训服。
(2) 认真检查工量具，确保能正常使用，使用后清洁放回。
(3) 实训前后，确保点火开关处于OFF挡位，并注意佩戴安全防护用具。

2. 技能要点
(1) 能规范地对驱动电机系统进行维护作业。
(2) 能规范地对减速器润滑油进行更换。
(3) 能正确使用解码仪读取驱动电机系统相关数据。

（二）驱动电机及控制系统检查与维护任务实施

驱动电机及驱动系统检查与维护

1. 检查与维护前的准备工作（表5-3）。
2. 检查驱动电机系统组件外观（表5-13）。

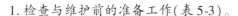

检查驱动电机系统组件外观操作方法及说明　　　表5-13

步骤	操作方法及说明	质量标准及记录
驱动电机系统外观检查	（1）举升车辆至合适高度，检查驱动电机、电机控制器、减速器外表面是否有明显积尘、渗漏、磕碰、损坏或裂纹等现象。 （2）检查驱动电机的上水管和下水管有无裂纹和泄漏。如果存在泄漏情况，查找泄漏部位。	检查结果记录 检查外表面记录： □正常 □异常：_____ 检查进出水管安装情况： □正常 □异常：_____

续上表

步骤	操作方法及说明	质量标准及记录
驱动电机系统外观检查	（3）检查驱动电机系统高低压插接件连接状态是否完好，目测各个插接件是否存在退针、变形、松脱、过热和损坏的情况，如发现以上情况应及时予以修理或更换	检查高低压连接器连接情况 低压控制插头： □正常 □异常：_____ 高压母线插头： □正常 □异常：_____
检查与维护减速驱动桥	（1）检查减速驱动桥外表面，其外表面应无明显积尘、渗漏、磕碰、变形、损坏或裂纹，且应保持干燥。 （2）检查差速器、半轴防尘罩的密封、破损、漏油情况，以及其紧固卡环有无松动	□检查减速驱动桥外表面 □正常 □异常：_____ □检查差速器半轴防尘罩 □正常 □异常：_____

3. 检查驱动电机系统牢固性（表5-14）

检查驱动电机系统牢固性操作方法及说明　　　　　表5-14

步骤	操作方法及说明	质量标准及记录
检查连接螺栓牢固性	（1）检查驱动电机及电位平衡线的安装和固定情况，如果有松动，则应按照车辆维修手册规定紧固螺栓。	检查驱动电机系统螺栓紧固情况 螺栓力矩：_____ 检查电位平衡线固定螺栓紧固情况。 螺栓力矩：_____

续上表

步骤	操作方法及说明	质量标准及记录
检查连接螺栓牢固性	（2）检查驱动电机与减速器体之间连接螺栓的紧固情况，按照车辆维修手册规定紧固螺栓	检查减速器连接固定螺栓紧固情况。 螺栓力矩：_____
接地电阻测量	测量驱动电机系统电位平衡线接地电阻	使用接地电阻测试仪测量电位平衡线接地电阻 □记录测量结果 接地电阻：_____

4.检查与更换润滑油油位(表5-15)

检查与更换润滑油油位操作方法及说明　　　表5-15

步骤	操作方法及说明	质量标准及记录
检查油位	拆下减速器加油口，按照车辆维修手册的要求检查减速器油位	□正确检查减速器油位 □正常 □异常：_____
更换润滑油	（1）拆下减速器放油螺栓，排放润滑油，排放后按照规定力矩安装放油螺栓。	□正确使用润滑油加注机进行加注

续上表

步骤	操作方法及说明	质量标准及记录
更换润滑油	(2)使用润滑油加注机,在加油口进行加注。 (3)加注完毕,按规定力矩安装加油螺栓,润滑油更换完毕	□按规定力矩正确安装加油、放油螺栓 加油螺栓力矩:_____ 放油螺栓力矩:_____

四、评价反馈(表5-16)

评价表　　　　　　　　　　　　　　表5-16

评分项目	评分标准	分值(分)	得分(分)
学习目标	能明确本任务的知识、技能、素养目标,理解任务在工作中的重要程度	5	
工作任务分析	能清晰描述完成本次工作任务内容	2	
	能描述完成本次工作任务需必备的技能与知识点	2	
有效信息获取	能正确描述驱动电机的类型和结构	6	
	能正确描述驱动电机系统的工作原理	6	
	能正确描述检查与维护驱动电机系统的注意事项	4	
实施方案制订	能制订并填写驱动电机系统检查维护准备作业计划	5	
	能组织或协同小组成员,明确任务所需仪器设备	5	
	能组织或协同小组成员交流,优化检查方案并记录	5	
任务实施	能独立完成车辆、工位检查与人身安全防护任务	6	
	能独立完成车辆上电、高压断电操作	7	
	能正确识别组合仪表的相关信息,读取相关故障码	8	
	能规范的使用举升机完成车辆举升	4	
	能独立完成驱动电机系统的外观和紧固螺栓检查任务	9	
	能独立完成检查与更换减速器润滑油	4	
	能独立完成安装、上电及竣工检验工作	4	
任务评价	能通过本次任务实施,结合自己在实训过程中的表现,进行自我评价及自我反思并记录	3	
职业素养	按规定时间完成项目作业,参与课堂活动、回答问题	4	
	遵守实训室管理规定、劳动纪律,按时出勤	4	
	独立完成作业前个人和车辆防护、作业后实施"8S"管理	2	

续上表

评分项目	评分标准	分值(分)	得分(分)
思政要求	爱岗敬业、尊重教师、团结同学、按文明生产规则进行操作,按规矩办事、做好交流沟通、展示良好的工匠精神和职业素养	5	
总计		100	

改进建议:

教师签字:
日期:

学习活动4　冷却系统检查与维护

一、明确任务

根据任务描述,客户的纯电动汽车到达厂家进行维护,需要对冷却系统进行检查与维护,使其保持正常使用性能。

二、工作准备与计划制订

(一)知识准备

纯电动汽车的蓄电池、电机、电机控制器及充电机在能量转化过程中会产生大量的热量,其总散热量大概相当于同功率传统燃油汽车的2.5~3倍。这些产生的热量如果不能够及时地散发出去,将导致电机、控制器、蓄电池等重要电气设备不能正常工作,车辆限矩运行甚至导致汽车零部件的损坏。

1. 纯电动汽车冷却系统组成

纯电动汽车冷却系统主要由_____、_____、_____、_____、_____、_____、_____、_____等组成,如图 5-21 所示。

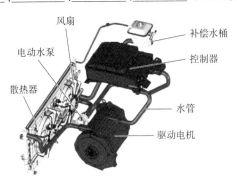

图 5-21 电动汽车冷却系统组成

1) 电动水泵

电动水泵是冷却液循环的动力元件,电动水泵的作用是对冷却液加压,促使冷却液在冷却系统中循环,以带走系统散发的热量。电动水泵一般多采用永磁无刷直流电机。大众 ID.4 CROZZ 纯电动汽车电动水泵安装在车身右纵梁前部下方,位于整个冷却系统较低的位置,如图 5-22 所示。

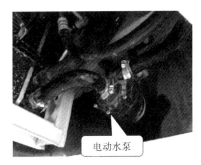

图 5-22 电动水泵

2) 散热器及电子风扇

大众 ID.4 CROZZ 纯电动汽车的左右两个风扇及导流框一起固定在散热器外壳上,如图 5-23 所示。其作用是提高流经散热器、空调冷凝器的空气流速和流量,以增强它们的散热能力,并冷却机舱其他附件。

电子风扇采用左右两挡调速双风扇,分别由整车电源提供输入,根据电机、控制器、空调压力等参数,由 VCU 控制双风扇运行。

3) 补偿水桶

_____作用是为冷却系统冷却液的排气、膨胀和收缩提供_____,补充冷却液和缓冲热胀冷缩的变化,同时也作为冷却液加注口,如图 5-24 所示。

补偿水桶位置要_____冷却系统的所有部件,目的是当冷却系统中冷却液受热膨胀至散热盖的蒸汽阀打开时,部分冷却液随着高压蒸汽通过溢水管回到补偿水桶中。

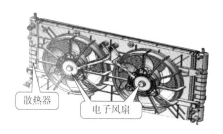

图 5-23　散热器及电子风扇

图 5-24　补偿水桶

4)冷却水管

冷却管为_____(EPDM),中间层由织物增强,耐温等级是Ⅰ级(125℃),爆破压力达到1.3MPa。冷却水管壁厚4mm,端口有安装定位标识,装配时标识与散热器上的定位标识要对齐。

2.冷却系统工作过程

_____通过热传导将热量传递给_____,带有热量的冷却液在电动水泵的动力驱动下流经散热器,并将热量传递给散热器,散热器则直接将热量带走,至此整个冷却过程完成。

冷却水在流经 MCU、充电机和电机等热源时,热源通过热传导将热量传递给冷却液,高温冷却液通过电动水泵提供的动力,流经散热器时将热量传递给散热器芯体,冷却空气通过_____将热量带走,完成换热过程,如图 5-25 所示。

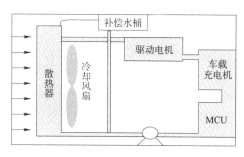

图 5-25　冷却系统工作过程

3.冷却系统的清洗

冷却系统内部清洗的方法步骤如下:

(1)要确保主电机停机并处于冷却状态,取下散热器盖。

(2)打开散热器底部的排放塞,排空旧的冷却液。

(3)关上排放塞并给冷却系统注入干净的水,并添加适量清洗剂。注意不要超过补偿水桶的"MAX—"标线。

(4)起动主电机,空转主电机 30min(或者按照清洁剂指示进行操作)。

(5)关掉主电机冷却 5min,将散热器内液体排空。

(6)关上排放塞,再次给补偿水桶注满清水并让发动机空转5min后排空,检查排出的水必须干净,否则重复清洗。

(二)制订工作方案

1. 任务分工(表5-17)

学生任务分配表　　　　　　　　　　表5-17

班级		组号		指导老师	
组长		任务分工			
组员1		任务分工			
组员2		任务分工			
组员3		任务分工			
组员4		任务分工			
组员5		任务分工			
组员6		任务分工			

2. 工量具、仪器设备与耗材准备

(1)使用的工量具有:＿＿＿＿＿＿＿＿＿＿＿＿＿＿＿＿＿＿＿＿＿＿＿＿＿＿＿＿。
(2)使用的仪器设备有:＿＿＿＿＿＿＿＿＿＿＿＿＿＿＿＿＿＿＿＿＿＿＿＿＿＿。
(3)使用的耗材有:＿＿＿＿＿＿＿＿＿＿＿＿＿＿＿＿＿＿＿＿＿＿＿＿＿＿＿＿。

3. 具体方案描述

1)检查与维护冷却系统

＿＿＿＿＿＿＿＿＿＿＿＿＿＿＿＿＿＿＿＿＿＿＿＿＿＿＿＿＿＿＿＿＿＿＿＿＿＿＿
＿＿＿＿＿＿＿＿＿＿＿＿＿＿＿＿＿＿＿＿＿＿＿＿＿＿＿＿＿＿＿＿＿＿＿＿＿＿＿

2)更换冷却液

＿＿＿＿＿＿＿＿＿＿＿＿＿＿＿＿＿＿＿＿＿＿＿＿＿＿＿＿＿＿＿＿＿＿＿＿＿＿＿
＿＿＿＿＿＿＿＿＿＿＿＿＿＿＿＿＿＿＿＿＿＿＿＿＿＿＿＿＿＿＿＿＿＿＿＿＿＿＿

三、计划实施

(一)安全注意事项及技能要点

1. 安全注意事项

(1)实训开始前佩戴安全防护用具,注意佩戴防酸碱手套。

(2)清洗冷却系统时,严禁使用水枪对散热器散热片喷洗。
(3)更换冷却液时采用相同类型冷却液。

2.技能要点

(1)能规范地对冷却系统进行维护作业。
(2)能规范地对冷却液进行更换。

(二)冷却系统检查与维护任务实施

1.检查与维护前的准备工作(表5-3)
2.冷却系统基本检查与维护(表5-18)

冷却系统基本检查与维护操作方法及说明　　　　　表5-18

步骤	操作方法及说明	质量标准及记录
冷却系统基本检查与维护	(1)在冷却液处于冷态时目视检查,补偿水桶内的冷却液的高度应在"MAX—"和"MIN—"两条标记线之间。	注意佩戴防酸碱手套
	(2)检查冷却系统各管路和部件接口处有无泄漏现象。检查散热器盖、软管处有无泄漏,芯体是否老化、堵塞。检查水泵电源导线是否有老化、破皮,若有应及时维修。	水管、接头检查结果: □正常 □异常:_____ 水泵外观、导线检查结果: □正常 □异常:_____
	(3)检查散热器和空调散热片通风道出现碎屑堆积时进行清理。电机冷却后,使用压缩空气冲走散热器或空调冷凝器的碎屑,严禁使用水枪对散热器散热片喷洗。	散热器外观检查结果: □正常 □异常:_____
	(4)检查冷却风扇外表面,其外表面应无明显积尘、弯曲或损坏;检查冷却风扇叶片有无弯曲或损坏,如果有,则必须将其更换	冷却风扇检查结果: □正常 □异常:_____

3. 更换冷却液(表5-19)

更换冷却液操作方法及说明　　　　　表5-19

步骤	操作方法及说明	质量标准及记录
冷却液排放	(1) 为防止烫伤,需要先用一块抹布盖住补偿水桶盖,然后慢慢将其拧下。 (2) 按照维修手册拧开冷却液排放水管,排放冷却液,注意冷却液收集,防止喷溅。 (3) 排完冷却液后,安装并拧紧排放水管	□严格按照维修手册的要求排放冷却液 □记录冷却液排放量 □正确检查排放水管是否拧紧并安装到位
加注冷却液	给补偿水桶内加注冷却液至最高限。开启电动水泵,水泵循环运行2~3min后,再补充冷却液,重复以上加注操作,直至达到冷却系统加注量要求。排气过程中主要观察电动水泵是否能正常工作	□确认冷却液型号 _____ _____ □按照维修手册要求规范加注冷却液(含排气)

四、评价反馈(表5-20)

评价表　　　　　表5-20

评分项目	评分标准	分值(分)	得分(分)
学习目标	能明确本任务的知识、技能、素养目标,理解任务在工作中的重要程度	5	
工作任务分析	能清晰描述完成本次工作任务内容	2	
	能清晰描述完成本次工作任务需必备的技能与知识点	2	
有效信息获取	能正确描述冷却系统的作用	4	
	能正确描述冷却系统的组成	2	
	能正确描述冷却系统的工作过程	6	
	能正确描述冷却系统检查与维护的作业项目	4	

续上表

评分项目	评分标准	分值(分)	得分(分)
实施方案制订	能清晰地制订并填写冷却系统检查维护准备作业计划	5	
	能组织或协同工作小组成员,明确本次任务所需仪器设备、工具、材料的准备与清点,并准备记录	5	
	能组织或协同工作小组成员交流,优化检查方案并记录	5	
任务实施	能独立完成车辆、工位检查与防护任务	3	
	能独立完成人身安全防护用具的检查	3	
	能独立完成车辆上电步骤	4	
	能正确的观察识别组合仪表的相关信息	4	
	能正确的使用诊断仪读取相关故障码	4	
	能正确的进行标准高压断电操作	3	
	能规范的使用举升机完成车辆举升	4	
	能独立完成冷却系统基本检查与维护作业	5	
	能独立完成更换冷却液	8	
	能独立完成安装、上电及竣工检验工作	4	
任务评价	能通过本次任务实施,结合自己在实训过程中的表现,进行自我评价及自我反思并记录	3	
职业素养	按规定时间完成项目作业	2	
	遵守实训室管理规定、劳动纪律,按时出勤	2	
	积极参与课堂活动、回答问题	2	
	能够按时出勤	2	
	独立完成作业前个人和车辆防护、作业后实施"8S"管理	2	
思政要求	爱岗敬业、尊重教师、团结同学、按文明生产规则进行操作,按规矩办事、做好交流沟通、展示良好的工匠精神和职业素养	5	
总计		100	

改进建议:

教师签字:
日期:

学习活动 5　底盘部件检查与维护

一、明确任务

根据任务描述,客户的纯电动汽车到达厂家进行维护,需要对底盘部件进行检查与维护,使其保持正常使用性能。

二、工作准备与计划制订

(一)知识准备

1. 纯电动汽车底盘构造与作用

纯电动汽车底盘跟传统燃油汽车底盘基本相同,由_____、_____、_____和_____四部分组成,如图 5-26 所示。

底盘的作用是支承、安装汽车电动机、动力蓄电池及其他零部件总成,形成汽车的整体造型,通过电动机产生动力,驱动汽车并保证正常行驶。

2. 传动系统构造与功能

纯电动汽车的传动系统一般由_____、_____、_____和_____等组成,如图 5-27 所示。汽车的动力靠传动系统传递到驱动车轮,其功能有减速、变速、倒车、中断动力、轮间差速和轴间差速等,与电动机配合工作,能保证汽车在各种工况条件下的正常行驶,并具有良好的动力性和经济性。

图 5-26　汽车底盘结构图

图 5-27　纯电动汽车传动系统结构图

3. 行驶系统构造与功能

行驶系统主要由_____、_____、_____和_____等组成,其功能是接受传动轴的动力,通过驱动轮与路面的作用产生牵引力,使汽车正常行驶;承受汽车的总重量和地面的反力;缓和不平路面对车身造成的冲击,衰减汽车行驶中的振动,保持行驶的平顺性;与转向系统配合,保证汽车操纵稳定性。

4. 转向系统构造与功能

转向系统主要由转向盘、转向柱总成、转向连接机构、控制器、助力电机、转向器、转向横拉杆、转向车轮等构成,其功能是按照驾驶人的意愿控制汽车的行驶方向,保证行驶方向的稳定性和转向操作的轻便性。

5. 制动系统构造与功能

制动系统主要由前后轮制动器总成、ESC 控制器总成、真空助力器总成、电动真空泵、制动操纵装置等组成,其功能是使行驶中的汽车按照驾驶人的要求进行强制减速甚至停车、使已停驶的汽车在各种道路条件下稳定驻车、使下坡行驶的汽车速度保持稳定。

6. 纯电动汽车底盘高压部件的检查维护

1)电动机检查与维护

(1)目测驱动电机外壳是否有磕碰损坏现象,并判断是否影响到电机正常工作。检查减速器外表是否有磕碰损坏、漏油现象,如有予以更换。

(2)清洁电机外部,检查电驱动系统插接件状态,检查驱动电机及减速器在前悬支架的紧固情况,按规定转矩上紧。

2)动力蓄电池检查与维护

(1)目视检查动力蓄电池箱外表有预碰撞破损现象,如有进一步检查是否影响到安全使用。检查动力蓄电池固定螺栓紧固情况。

(2)检查底盘高压系统电缆防护套是否有进水、老化、破损现象,若有损坏,进一步检查绝缘状况并予以修复。检查电力控制系统各插接头是否有松脱现象。

7. 纯电动汽车底盘系统其他维护作业

1)目测等速万向节防护套有无泄漏或损坏。检查所有的导线是否固定在支架中,所有塞子都处于规定位置,并且底板未受到破坏。

2)检查底盘处高压线束的外观和连接状况。检查底盘处高压线缆保护套是否进水、老化或破损。

(二)制订工作方案

1. 任务分工(表5-21)

学生任务分配表　　　　　　　　　表5-21

班级		组号		指导老师	
组长		任务分工			
组员1		任务分工			
组员2		任务分工			
组员3		任务分工			
组员4		任务分工			
组员5		任务分工			
组员6		任务分工			

2. 工量具、仪器设备与耗材准备

(1) 使用的工量具有：_____

_____。

(2) 使用的仪器设备有：_____。

(3) 使用的耗材有：_____。

3. 具体方案描述

_____

_____

_____

_____

_____

三、计划实施

(一) 安全注意事项及技能要点

1. 安全注意事项

(1) 实训开始前确保维修开关断开。

(2) 车辆举升前确保四个支脚支撑到位，举升机使用正常。

2. 技能要点

(1) 能根据底盘维护检查作业单，了解底盘维护的内容与作业流程。

(2) 能按照制订的底盘维护作业流程进行底盘检查与维护作业。

(3) 能掌握力矩扳手、绝缘电阻测试及万用表的使用方法。

(4) 进行底盘检查，测试插头端子与接地情况，测量电位平衡线间电阻。

(二) 底盘部件检查与维护任务实施

1. 检查作业前现场环境(表5-3)

2. 检查底盘部件见(表5-22)

检查与维护底盘工作操作方法及说明　　　　　　　　　　表5-22

步骤	操作方法及说明	质量标准与记录
拆卸维修开关	拆下维修开关和蓄电池负极	维修开关是否拆卸到位： □是　□否 蓄电池负极是否拆卸到位： □是　□否

续上表

步骤	操作方法及说明	质量标准与记录
汽车举升	举升车辆	举升机支撑是否到位： □是 □否 车辆是否正常举升： □是 □否
拆卸护板	拆下底盘护板	底盘护板是否拆卸： □是 □否
检查高电压蓄电池充电器	用手电筒照明，检查高电压蓄电池充电器有无磕碰，各插头是否紧固无损坏 使用扭力扳手检查高电压蓄电池充电器固定螺栓是否正常	高电压蓄电池充电器有无磕碰，各插头是否紧固无损坏： □是 □否 标准转矩为20N·m： □是 □否
解锁高电压连接插头	推出防松箍，使用一字螺丝刀解锁并拆下高电压连接插头，解锁并拆下另一个高电压连接插头	按要求拆卸高压电连接插头： □是 □否
测试OBC插头绝缘电阻	（1）绝缘电阻测试 OBC 插头1号端子与接地之间的绝缘电阻。	绝缘电阻为： 数据是否正常： □是 □否 注：绝缘电阻≥20MΩ 都属于正常范围

续上表

步骤	操作方法及说明	质量标准与记录
测试 OBC 插头绝缘电阻	（2）绝缘电阻测试 OBC 插头 2 号端子与接地之间的绝缘电阻。	绝缘电阻为：_____ 数据是否正常： □是　□否
	（3）绝缘电阻测试 OBC 插座 1 号端子与接地之间绝缘电阻。	绝缘电阻为：_____ 数据是否正常： □是　□否
	（4）绝缘电阻测试 OBC 插座 2 号端子与接地之间绝缘电阻。	绝缘电阻为：_____ 数据是否正常： □是　□否
	（5）利用毫欧表检测动力蓄电池搭铁与高电压蓄电池充电器搭铁，测量电位平衡线之间的电阻	是否完成此工作： □是　□否
检查左、右摆臂及转向器外侧拉杆球头	检查左、右摆臂及转向器外侧拉杆球头，拉杆球头上的防尘罩是否出现破损漏油现象。检查球头的摆动与转动是否流畅，或是否有松动现象	是否完成此工作： □是　□否
检查驱动电机外壳及紧固情况	目测驱动电机外壳是否有磕碰损坏现象，并判断是否影响到电机正常工作。检查减速器外表是否有磕碰损坏、漏油现象，如有予以更换	是否完成此工作： □是　□否

续上表

步骤	操作方法及说明	质量标准与记录
检查驱动电机外壳及紧固情况	清洁电机外部,检查电驱动系统插接件状态,检查驱动电机及减速器的紧固情况,按规定转矩上紧	是否完成此工作: □是 □否
检查动力蓄电池外壳及紧固	目视检查动力蓄电池箱外表有无碰撞破损现象,检查动力蓄电池固定螺栓紧固情况	是否完成此工作: □是 □否
检查高压电缆防护套	检查车下高压系统电缆防护套是否有进水、老化、破损,检查电力控制系统各插接头是否有松脱现象	是否完成此工作: □是 □否
检查制动系统液压管道紧固及漏油情况	检查制动系统液压管道紧固状况是否完好,管路接头是否有漏油现象,若有,查清原因并修复	是否完成此工作: □是 □否
使用豪欧表测量电位平衡线之间的电阻	取出豪欧表,旋转至20mΩ挡位,连接动力蓄电池搭铁和高电压蓄电池充电器搭铁,测量电位平衡线之间的电阻,按下测试键,测得数值为0.01mΩ	是否完成此工作: □是 □否

续上表

步骤	操作方法及说明	质量标准与记录
收纳复位	测量完取下红黑表笔并关闭兆欧表,解锁安全保险将车辆降回地面,按标准流程进行高压上电操作	是否完成此工作: □是 □否

四、评价反馈(表 5-23)

评价表　　　　　　　　　　　　　　　　　　表 5-23

评分项目	评分标准	分值(分)	得分(分)
学习目标	能明确本任务的知识、技能、素养目标,理解任务在工作中的重要程度	3	
工作任务分析	能清晰描述完成本次工作任务内容	2	
	能清晰描述完成本次工作任务需必备的技能与知识点	3	
有效信息获取	能查阅资料,准确填写本次实训车辆的基本信息	2	
	能识读检查维护单,填写外部检查的作业项目内容	5	
	能查阅资料,正确识别实训车辆信息并填写	5	
	能查阅资料,明确纯电动汽车底盘检查维护内容并填写	5	
实施方案制订	能清晰地制订并填写本次实训工作计划	5	
	能组织或协同工作小组成员,确定任务所需仪器设备	5	
	能组织或协同工作小组成员交流,优化检查方案并记录	5	
任务实施	检查蓄电池充电器有无磕碰,插头是否紧固无损坏	5	
	能按规范紧固高电压蓄电池充电器固定螺栓	5	
	能规范检松开连接底盘各高压部件连接器	5	
	能规范检测高电压蓄电池充电器绝缘性	5	
	能连接底盘高压部件连接器,做好高压安全防护措施	10	
	能规范地使用工量具	5	
任务评价	能通过本次任务实施,结合自己在实训过程中的表现,进行自我评价及自我反思并记录	3	

续上表

评分项目	评分标准	分值(分)	得分(分)
职业素养	按规定时间完成项目作业	2	
	遵守实训室管理规定、劳动纪律、按时出勤	6	
	积极参与课堂活动、回答问题	5	
	独立完成作业前个人和车辆防护、作业后实施"8S"管理	4	
思政要求	爱岗敬业、尊重教师、团结同学、按文明生产规则进行操作、按规矩办事、做好交流沟通、展示良好的工匠精神和职业素养	5	
总计		100	

改进建议：

教师签字：
日期：

学习活动6　空调系统检查与维护

一、明确任务

根据任务描述，客户的纯电动汽车到达厂家进行维护，需要对空调系统进行检查与维护，使其保持正常使用性能。

二、工作准备与计划制订

(一)知识准备

1. 新能源汽车暖风与空调系统和传统燃油汽车的区别

1)空调压缩机驱动方式不同

新能源汽车空调制冷系统的制冷原理与传统燃油汽车相同，区别的是压缩机驱动方式发生了变化。新能源汽车空调压缩机采用电驱动的方式(图5-28),而传统燃油汽车绝大多数采用发动机传动带(皮带)驱动(图5-29)。

图5-28 新能源汽车电动压缩机　　图5-29 传统汽车传动带驱动空调压缩机

2)送风系统略有区别

新能源汽车空气通过_____和_____形成冷风或暖风,根据用户的需要输送到指定出风口,空气流向增加用于暖风系统的热交换器。

3)制热原理区别

新能源汽车没有用来采暖的发动机余热装置,无法提供作为汽车空调冬天采暖的热源,大都采用了PTC加热器系统进行制热。当空调系统处于加热模式时,加热器在高压电的作用下对冷却液进行加热,高温冷却液被加热器水泵抽入加热器芯,气流在鼓风机的作用下流过加热器芯,产生热量传递。外部空气在进入驾驶室前,与加热后的空气混合,吹出舒适的暖风。

2.新能源汽车暖风与空调系统面板功能图标

1)新能源汽车暖风与空调系统面板组成

大多数新能源汽车的空调暖风开关的设计都集中在一个操控面板上,这样不仅节省仪表台的空间,而且有利于用户进行自主切换。

2)新能源汽车空调控制面板的功能

全自动空调可对空气加热、制冷和除湿。在电动门窗和天窗都已关闭时工作效率最高。车内闷热时,通风可加快制冷过程。感应区上点亮的符号显示已开启的功能,在信息娱乐系统的空调设置菜单中,开启的功能以彩色突出显示。

3.新能源汽车空调系统构成及各部件的作用

新能源汽车空调系统主要由电动压缩机、冷凝器、制冷剂管道、加热器单元、送风电机、空调空气过滤器、膨胀阀、蒸发器和控制面板等组成。汽车空调管路系统以压缩机为分界,分高压管路和低压管路。

1)电动压缩机

电动压缩机的作用是把低温、低压气态的制冷剂压缩成高温、高压液态的制冷剂。电动压缩机包含一对螺旋线缠绕的_____和_____、_____、油挡板和电动机轴。电动压缩机工作时由无刷电动机带动动盘旋转,通过动盘和静盘的相互旋转配合,压缩处在动静盘间的制冷剂,完成吸气、压缩、排气的过程如图5-30所示。

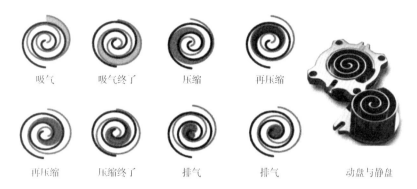

图 5-30 压缩机工作过程

2）蒸发器

蒸发器的作用是将膨胀阀出来的低压制冷剂蒸发而吸收流进车内空气的热量，从而达到车内降温的目的。其结构是一种由管子与散热片组合的热交换器，如图 5-31 所示。

3）膨胀阀

膨胀阀把从冷凝器流出的高压制冷剂节流雾化，自动调节制冷剂流量。它根据制冷负荷的改变和压缩机转速的变化，自动调节制冷剂进入蒸发器的流量以满足制冷循环的需要，如图 5-32 所示。

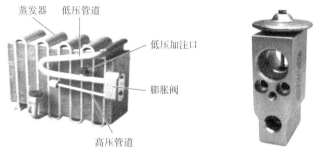

图 5-31 蒸发器结构图　　　　图 5-32 膨胀阀结构图

4）散热器

散热器经过散热器风扇把流经其内部的高温、高压制冷剂的热量散至周围空气中，其结构特点是由管子与散热片组合起来的热交换器，如图 5-33 所示。

5）加热装置

PTC 电加热器是采用 PTC 热敏电阻元件为发热源的一种加热器，它的电阻随湿度变化而急剧变化，

图 5-33 散热器结构图

当外界温度降低，PTC 电阻值随之减小，发热量反而会相应增加。PTC 加热器有电热丝加热器和陶瓷式加热器两种，具有发热无异味，使用寿命长，无明显功率衰减现象，干净整洁，热效率高等特点。

4. 空调系统的检查与维护

1) 空调系统的直观检查

(1) 检查空调出风口的出风量,如果出风量不足,检查空调滤清器。

(2) 听压缩机附近是否有非正常的响声,如果有,检查压缩机的安装情况。

(3) 检查冷凝器散热片上是否有脏物覆盖,如果有,将脏物清除。

(4) 检查制冷循环系统的各连接处是否有油渍。

(5) 将鼓风机开至低、中、高挡,检查鼓风机是否运转正常,是否有杂音。

(6) 空调系统若有异常,打开前机盖检查以上项目。

2) 检查制冷功能

(1) 环境温度大于20℃时,预热车辆到正常温度。

(2) 将车门全开,开启A/C开关,气流选择为面部出风,进风选择为内循环,鼓风机速度选择最大。

(3) 温度选择最冷,5~6min后测试出风口的温度,出风口温度应在0~5℃。

3) 检查制热功能

(1) 将车辆门窗关严,风量开到最大,内循环,温度选择最高。

(2) 起动空调,检查出风口温度是否明显上升。

图5-34 空调检测压力表组

(3) 空调运转5~6min,检查空气是否有焦糊、过热的异味。

4) 检查空调系统压力

将空调检测压力表(图5-34)＿＿＿＿＿＿＿完全关闭,连接软管,选择合适的快速接头,把软管另一端和车辆侧的空调管道高低压加注阀(图5-35)相连,起动空调制冷功能,在空调运行时检查歧管压力表所显示的压力。空调制冷系统正常时低压侧应为＿＿＿＿＿＿,高压侧压力应为＿＿＿＿＿＿＿＿＿。

5. 检查制冷剂泄漏情况

检查时,打开检漏仪开关(图5-36),调整好灵敏度,用探头去接近空调管道及各个连接部位。若接近部位有泄漏,指示灯会快速闪烁,警报器鸣叫频率也会同步加快。

图5-35 连接空调系统高低压加注阀

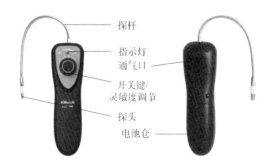

图5-36 制冷剂检漏仪

(二)制订工作方案

1. 任务分工(表 5-24)

学生任务分配表　　　　　　　　　表 5-24

班级		组号		指导老师	
组长		任务分工			
组员 1		任务分工			
组员 2		任务分工			
组员 3		任务分工			
组员 4		任务分工			
组员 5		任务分工			
组员 6		任务分工			

2. 工量具、仪器设备与耗材准备

(1)使用的工量具有:_____。

(2)使用的仪器设备有:_____。

(3)使用的耗材有:_____。

3. 具体方案描述

_____

_____

_____

三、计划实施

(一)安全注意事项及技能要点

1. 安全注意事项

(1)加注制冷剂时,要戴上防护镜避免眼睛接触液态制冷剂。

(2)在拆除制冷系统的零件时,要注意将管路封住,避免潮气灰尘进入。

(3)禁止使用酒精或含水分的清洗剂,清洗空调内部管路。

2. 技能要点

(1)能根据空调系统检查作业单,了解空调维护的内容与作业流程。

(2)能按照制订的空调系统检查作业流程进行空调检查与维护作业。

(3)能正确进行空调相关检查,对空调在不同状况下进行各项功能检查。

(二)空调系统检查与维护任务实施

1. 检查作业前现场环境(表 5-3)

空调系统
检查与维护

2. 检查空调系统(表5-25)

检查空调系统操作方法及说明　　　　　　　表5-25

步骤	操作方法及说明	质量标准与记录
粉尘花粉过滤器的拆卸	(1)掀开粉尘花粉过滤器盖隔热棉。 (2)按下卡扣拆卸粉尘花粉过滤器盖。 (3)拆下花粉过滤器,拆下粉尘过滤器	是否完成拆卸粉尘花粉过滤器盖: □是　□否
粉尘花粉过滤器的清洁检查	(1)检查粉尘花粉过滤器有无破损,状态是否良好。 (2)使用气枪清洁粉尘花粉过滤器	粉尘花粉过滤器有无破损: □有　□否 检查并清洁粉尘花粉过滤器,是否清洁或更换: □有　□否
粉尘花粉过滤器的安装	(1)查看花粉过滤器箭头方向,安装花粉过滤器。 注意事项:粉尘花粉过滤器上的箭头代表气流流动方向,查看箭头方向安装粉尘过滤器。 (2)安装粉尘花粉过滤器盖	是否按箭头方向安装: □是　□否 是否完成安装粉尘花粉过滤器盖: □是　□否

续上表

步骤	操作方法及说明	质量标准与记录
空调风速和温度检查	(1)打开点火开关,打开空调将风速调到最大,温度调到最低,检查各出风口的风速和温度是否正常。 (2)将风速调到最小,温度调到最高,检查各出风口风速和温度是否正常	各出风口的风速是否正常: □是 □否 各出风口的温度是否正常: □是 □否 各出风口的风速是否正常: □是 □否 各出风口的温度是否正常: □是 □否
空调工作模式检查	(1)检查空调吹风、除霜模式是否正常。 (2)选择空调自动模式,查看运行是否正常,检查内外循环模式工作是否正常。 (3)按下 maxA/C 键,检查空调最大制冷工作模式	风口模式是否正常: □是 □否 空调自动模式是否正常: □是 □否 内外循环模式工作是否正常: □是 □否 空调是否以最大制冷模式工作: □是 □否
双、单温区控制净化系统检查	(1)按下 sync 键,检查双温区同步控制和单温区控制是否正常。 (2)关闭空调,按下净化空气按键,检查净化系统工作是否正常	双温区同步控制是否正常: □是 □否 单温区控制是否正常: □是 □否 净化系统工作是否正常: □是 □否

续上表

步骤	操作方法及说明	质量标准与记录
空调模式切换及工作检查	（1）检查智能空调各个模式是否能正常切换和工作。 （2）关闭空调系统，关闭点火开关	智能空调是否能正常切换和工作： □是　□否 空调和点火开关是否关闭： □是　□否

四、评价反馈（表5-26）

评价表　　　　　　　　　　　　　　　　表5-26

评分项目	评分标准	分值(分)	得分(分)
学习目标	能明确本任务的知识、技能、素养目标,理解任务在工作中的重要程度	5	
工作任务分析	能清晰描述完成本次工作任务内容	2	
	能描述完成本次工作任务需必备的技能与知识点	2	
有效信息获取	能查阅资料,填写实训车辆的基本信息和空调系统组成	8	
	能查阅资料,明确大众ID.4 CROZZ空调系统检查内容	5	
	能识读检查维护单,填写空调系统检查的作业项目内容	5	
实施方案制订	能清晰地制订并填写本次实训工作计划	5	
	能组织或协同工作小组成员,明确任务所需仪器设备、工具、材料的准备与清点,并准备记录	5	
	能组织或协同工作小组成员交流,优化检查方案并记录	5	
任务实施	能规范地进行作业前现场环境检查,并记录	5	
	能规范拆下安装粉尘和花粉过滤器,检查并清洁	15	
	能查阅维修资料,正确使用空调控制面板	5	

续上表

评分项目	评分标准	分值(分)	得分(分)
任务实施	能规范检查空调制冷、制热性能效果	10	
	能规范做好作业防护及清整归位	5	
任务评价	能通过本次任务实施,结合自己实训过程中的表现,进行自我评价及自我反思并记录	3	
职业素养	按规定时间完成项目作业	2	
	遵守实训室管理规定、劳动纪律,按时出勤	4	
	积极参与课堂活动、回答问题	2	
	独立完成作业前个人和车辆防护、作业后实施"8S"管理	2	
思政要求	爱岗敬业、尊重教师、团结同学、按文明生产规则进行操作,按规矩办事、做好交流沟通、展示良好的工匠精神和职业素养	5	
总计		100	

改进建议：

教师签字：
日期：

学习活动 7　新能源汽车维护质量检验与评估

一、明确任务

根据任务描述,客户的纯电动汽车到达厂家完成维护后,需要对纯电动汽车进行质量检验与评估,使其保持正常使用性能。

通过工作任务描述,明确本次工作所需要完成的任务,分析本次工作任务所需要掌握的必备技能与知识。

二、工作准备与计划制订

(一)知识准备

1. 新能源汽车维护质量检测与评定必要性

汽车检测与评定作为汽车维护质量服务的一项重要工作,是确保车辆维护后性能正常必不可少的环节,也是评估汽车维护作业人员工作是否达标的重要指标,从业者需遵从客观、严谨、科学、认真的准则去实施检验与评定车辆。

通常汽车维修企业都配备有相应名额的质量检验员(以下简称质检员),通过质检员,要求汽车维修企业注重维护维修质量管理工作。因此,质检工作需要按照维修车辆实际,逐项对新能源汽车维修质量检测与评定,完善维修质量,确保车辆性能正常。

2. 新能源汽车维护质量检测流程

质检员对新能源汽车维护质量进行检测的流程如下:

(1)查看汽车维护内容并进行车辆外观检测(图5-37)。

(2)对车辆各系统维护质量进行检验。

(3)按需进行车辆路试检验。

(4)检验无异常后,在质量检验表签字,并将车辆移交下一个工序。

3. 新能源汽车维护项目及质检主要内容

作为质检员,在检测车辆之前,需要对照大众ID4.CROZZ车辆的维护项目及记录数据,结合该车辆特点进行质检。质检内容包括与燃油汽车共性的内容外,还需检验车辆高压系统,包括:动力蓄电池系统(图5-38)、充电系统、_____、冷却系统、空调系统和底盘高压部件。

图5-37 车辆外观检查图

图5-38 动力蓄电池线束连接器检查图

4. 新能源汽车高压部件外观检验

1)车辆未举升,外观检验

(1)检查车辆前机舱高压部件。

打开车辆前机舱,检查前机舱高压电控、驱动电机等各个高压系统部件、线束、线束连接器安装情况,并记录(图 5-39)。

(2)检查充电口。

打开车辆充电口,检查充电口盖、交直流充电口状况,并记录。

2)车辆举升,外观检验

(1)检查动力蓄电池系统。

检查动力蓄电池系统高压线束(图 5-40)、连接器、电池总成外观及各部件连接情况,并记录。

图 5-39　前机舱高压部件检查图　　　　图 5-40　高压线束检查图

(2)检查驱动电机及驱动系统。

检查驱动电机及驱动系统高压线束、连接器、驱动电机总成外观、各部件连接情况,并记录(图 5-41)。

(3)检查冷却系统。

检查 PTC 加热器、冷却系统其他部件、连接管路、管路接头外观及安装情况,并记录(图 5-42)。

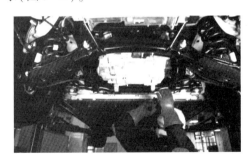

图 5-41　驱动电机安装情况检验图　　　　图 5-42　冷却系统检验图

5. 新能源汽车车内检验

1)检查充电指示灯

整车下电后,插入充电枪并进行充电操作,检验组合仪表内充电指示灯显示情况,并记录(图 5-43)。

2)空调系统运行检验

运行空调系统,依次操作中控面板的空调的风速、除霜、吹身、吹脚、内循环、制热、制冷等各个挡位功能,检验空调性能,并记录(图 5-44)。

图 5-43　充电指示灯工作检验图

图 5-44　空调面板显示图

6. 新能源汽车高压系统数据检验

连接解码器,扫描全部模块,正常维修完毕的车辆,应无任何故障码。数据读取,读取_____、_____等数据。正常维护完毕的车辆,数据流应正常。

7. 新能源汽车路试检验

通过对整车上电之后的起步、加速、匀速、滑行、强制减速、紧急制动等操作(图 5-45),检查车辆的操控性能、制动性能、滑行性能、加速性能、噪声情况等。

图 5-45　新能源汽车路试检验

路试可以反映出整车动力系统整体运作的协调性、对于整车各个系统来说属于动态条件下的检测。正常情况下,汽车维护与修理出厂前都要进行路试,但是可以根据实际情况酌情处理。

(二)制订工作方案

1. 任务分工(表 5-27)

学生任务分配表　　　　表 5-27

班级		组号		指导老师	
组长		任务分工			
组员 1		任务分工			
组员 2		任务分工			
组员 3		任务分工			
组员 4		任务分工			
组员 5		任务分工			
组员 6		任务分工			

2. 工量具、仪器设备与耗材准备

(1)使用的工量具有:_____。

(2)使用的仪器设备有：_____。
(3)使用的耗材有：_____。
3.具体方案描述

_____
_____
_____
_____
_____

三、计划实施

(一)安全注意事项及技能要点

1.安全注意事项

(1)实训开始前应摘掉戒指、手表、项链等首饰，穿实训服。

(2)认真检查工量具、仪器设备，确保能正常使用。使用后，应立即清洁。

(3)实训时，确保点火开关处于 LOCK 位置。

2.技能要点

(1)能根据维护质量检验与评估作业单，了解检验与评估的内容与流程。

(2)能按照制订的新能源汽车维护质量检验与评估作业流程进行新能源汽车质量检验与评估作业。

(3)能掌握解码器的使用方法，了解工量具使用注意事项。

(4)正确使用新能源汽车诊断仪读取数据。

(二)新能源汽车维护质量检验与评估任务实施

1.检查与维护前的准备工作(表5-3)

2.新能源汽车维护质量检验与评估(表5-28)

新能源汽车维护质量检验与评估操作方法及说明　　　　　表5-28

步骤	操作方法及说明	质量标准与记录
连接解码器	使用诊断仪对高电压部件数据进行检验	是否完成解码器连接： □是　□否

续上表

步骤	操作方法及说明	质量标准与记录
解码器进入 HBM 控制单元	选择混合蓄电池管理（Hybrid Battery Managment，HBM）控制单元，选择测量值然后点击执行，打开点火开关，点击完成继续	解码器是否进入 HBM 控制界面： □是　□否
进入动力蓄电池管理系统，点击 HBM-BC	（1）选取"高压系统电压"。读取"高电压/混合动力蓄电池温度""最高测得温度"。 （2）选取"最低测得温度"。读取"整个高压系统负极绝缘电阻""蓄电池单电池最大电压""蓄电池单电池最小电压"	解码器是否调出以上数据： □是　□否
判定新能源汽车维修质量	检查高电压各零部件的工况数据参数都符合标准，都能正常安全地运行，确保车辆能安全舒适的在公路上行驶	检查高电压各零部件的工况数据参数都符合标准： □是　□否 车辆能否正常安全地运行： □是　□否

四、评价反馈（表5-29）

评价表　　　　　　　　　　　　　　　　　　　　　　　　　表5-29

评分项目	评分标准	分值（分）	得分（分）
学习目标	能明确本任务的知识、技能、素养目标，理解任务在工作中的重要程度	3	
工作任务分析	能清晰描述完成本次工作任务内容	2	
	能清晰描述完成本次工作任务需必备的技能与知识点	2	
有效信息获取	能查阅资料，准确填写本次实训车辆的基本信息	3	

续上表

评分项目	评分标准	分值(分)	得分(分)
有效信息获取	能识读检查维护单,填写质量检验与评估的作业项目内容	5	
	能查阅资料,能正确识别并填写实训车辆信息	3	
	能查阅资料,明确作业实训所需工量具	2	
实施方案制订	能清晰地制订并填写本次实训工作计划	5	
	能组织或协同工作小组成员,明确任务所需仪器设备、工具、材料的准备与清点,并记录	5	
	能组织或协同工作小组成员交流,优化检查方案并记录	5	
任务实施	能规范地进行作业前现场环境检查,并记录	5	
	能正确使用新能源汽车诊断仪读取数据	5	
	会读取蓄电池电量数据	5	
	会读取高压系统电压	5	
	会读取高电压/混合动力蓄电池冷却温度	5	
	会读取整个高压系统正极绝缘电阻值	5	
	会读取整个高压系统负极绝缘电阻值	5	
	会读取蓄电池单电池最小、最大电压值	5	
任务评价	能通过本次任务实施,结合自己在实训过程中的表现,进行自我评价及自我反思并记录	2	
职业素养	按规定时间完成项目作业	3	
	遵守实训室管理规定、劳动纪律,按时出勤	6	
	积极参与课堂活动、回答问题	5	
	独立完成作业前个人和车辆防护、作业后实施"8S"管理	4	
思政要求	爱岗敬业、尊重教师、团结同学、按文明生产规则进行操作,按规矩办事、做好交流沟通、展示良好的工匠精神和职业素养	5	
总计		100	

改进建议:

教师签字:
日期:

任务习题

1. 单选题

(1) 常用电池中适合作为动力蓄电池的是( )。
　　A. 干电池　　　　B. 蓄电池　　　　C. 微型电池　　　　D. 核电池

(2) 下列选项中属于驱动电机控制器所执行功能的是( )。
　　A. 将高压直流电转换为整车低压 12V 直流电
　　B. 将 220V 交流电转换为动力蓄电池的直流电
　　C. 将输入的直流电逆变为电压、频率可调的三相交流电
　　D. 完成动力蓄电池电源的输出及分配,实现对支路用电器的保护及切断

(3) 下列选项中属于新能源汽车区别传统燃油汽车维护项目的是( )。
　　A. 变速器油检查　　　　　　　　B. 电气系统绝缘性检查
　　C. 冷却系统检查　　　　　　　　D. 制动液检查

(4) 电子水泵提供冷却循环动力,其冷却的原件不包括( )。
　　A. 电机　　　　B. DC-DC　　　　C. 电机控制器　　　　D. EHPS

(5) 下列选项中在新能源汽车维护中不需要戴绝缘手套的是( )。
　　A. 空调压缩机　　B. PTC 加热器　　C. 压缩机控制器　　D. 真空泵

(6) ( )的作用是支承、安装汽车零部件总成,形成汽车的整体造型。
　　A. 底盘　　　　B. 电动机　　　　C. 动力蓄电池　　　　D. 空调

(7) 以氢气、甲醇等为燃料通过化学反应产生电流,依靠电机驱动的汽车称为( )。
　　A. 纯电动汽车　　　　　　　　B. 混合动力电动汽车
　　C. 燃料电池电动汽车　　　　　D. 氢气汽车

(8) ( )能够将外界的交流电转化为动力蓄电池需要的直流电。
　　A. 高压配电盒　　　　　　　　B. 车载充电机
　　C. 交流充电口　　　　　　　　D. 动力蓄电池组

(9) ( )是用于连接活动电缆和汽车的充电部件,由充电插座与充电插头两部分构成。
　　A. 直流充电接口　　　　　　　B. 车载充电机
　　C. 交流充电口　　　　　　　　D. 动力蓄电池组

(10) 整车锁车后,交流充电枪被锁在充电口上无法拔下的现象称为( )。
　　A. 充电枪防护　　B. 过温保护　　C. 充电唤醒　　D. 充电枪防盗

2. 判断题

(1) 纯电动汽车不需要对机油、三滤、皮带等进行常规维护。　　　　( )
(2) 新能源汽车的冷却液与普通汽车一样。　　　　　　　　　　　　( )
(3) 新能源汽车的高压电缆颜色为橙色。　　　　　　　　　　　　　( )
(4) 维护纯电动汽车冷却系统时,应使用水枪对散热片喷湿清洗。　　( )

（5）新能源汽车维护使用的绝缘设备不需要每次使用前都进行检查。（　　）

（6）电动汽车大都采用了PTC加热管系统进行制热。（　　）

（7）绝缘电阻测试OBC插头端子与接地之间的阻值正常应小于20MΩ。（　　）

（8）汽车检测与评定作为汽车维护质量服务的一项重要工作，是确保车辆维护后性能正常必不可少的环节。（　　）

（9）汽车维修企业不需要配备质量检验员。（　　）

（10）新能源汽车检查动力蓄电池故障时无需使用解码器。（　　）

3. 实操练习题

（1）请在规定时间内规范完成一辆新的新能源汽车的PDI检查作业。

（2）一辆纯电动汽车需对底盘部件进行常规检查和维护作业，请在规定时间内规范完成。

参考文献

[1] 王明辉.汽车文化[M].北京:高等教育出版社,2022.
[2] 李艳菲.汽车文化与新技术[M].北京:机械工业出版社,2022.
[3] 于洁.汽车销售与售后服务[M].南京:江苏人民出版社,2020.
[4] 黄峰.汽车营销[M].北京:人民交通出版社股份有限公司,2022.
[5] 王海林.汽车构造与原理[M].北京:机械工业出版社,2022.
[6] 姚为民.汽车构造[M].7版.北京:人民交通出版社股份有限公司,2021.
[7] 董光,尹力卉.汽车维护与保养[M].北京:机械工业出版社,2022.
[8] 孟华霞,王成波.汽车快保快修[M].北京:人民交通出版社股份有限公司,2023.
[9] 李娜,卢民积.汽车维护[M].北京:北京理工大学出版社,2021.
[10] 于占明,王燕.汽车维护[M].3版.北京:北京师范大学出版社,2021.
[11] 吴荣辉,李颖.新能源汽车认知于应用[M].北京:机械工业出版社,2022.
[12] 杨小刚.新能源汽车维护与保养[M].北京:北京理工大学出版社,2021.
[13] 吴书龙,金传琦,薛超仁.新能源汽车维护技术[M].上海:同济大学出版社,2020.
[14] 汤爱国,陈静,李苏婷.新能源汽车电学基础与高压安全[M].上海:同济大学出版社,2020.
[15] 韩炯刚,石光成.新能源汽车高压安全与防护[M].北京:机械工业出版社,2019.
[16] 何泽刚.新能源汽车认知与使用安全[M].北京:机械工业出版社:2019.
[17] 王博,吴书龙.新能源汽车充电技术[M].北京:机械工业出版社,2022.
[18] 李晶华,李穗萍.新能源汽车使用与维护[M].北京:机械工业出版社,2020.